BIG POTENTIAL

共好
與
同贏

SHAWN ACHOR

尚恩·艾科爾——著　歐陽端端——譯

目錄

推薦序

人際生態圈決定成功與潛能

中央大學人力資源管理研究所暨EMBA教授　鄭晉昌

正向心理（positive psychology）是由美國心理學家馬丁・沙尼門（Martin E. Seligman）於一九九八年出任美國心理學會主席時，所正式倡議的一個嶄新的心理學概念。他結合其他心理學者持續地經過多年的努力，已研究發展出一套有系統的正向心理學知識。

而尚恩・艾科爾這位世界知名專業演說家及潛能開發專家的著作《共好與同贏：哈佛快樂專家教你把個人潛力變成集體能力，擴散成功與快樂的傳染力》，正是將正向心理學理論轉化為開發個人職場潛能實作技能的好書。只要透過個人有意識地經營工作場域周遭成為一個「利他進而利己的人際生態圈」，即可打造有利於發展及釋放個人潛能的機會。無論對於將要進入職場的莘莘學子，或是初踏入職場者，甚或是資深的執業者，我相信只要對本書內容用心閱讀與反思，作者筆觸所及之處將會讓你的思緒震撼、瞳孔放大、驚豔不已。

根據正向心理學方面的理論，就個人層面而言，正向心理學著重在對於個人能力、長處及美德方面的探討，這些能力和長處包括良好的人際社交能力、創造力、希望、勇氣、同情心、自制能力等等。近年流行的情緒智能、逆境智能也都是其範圍內的議題。能夠了解如何發展這些能力、長處及美德，對個人建立正面的生活，至為重要。另外，正向心理學也探究能夠支持和發展個人的能力及長處的各種支援系統或是組織，家庭、學校、社會文化、言論環境等。尚恩·艾科爾的這本著作正是將正向心理學的研究發現，透過許多故事敘述及通俗語彙傳遞給各位讀者，所以這本書的問世，雖然其中作者多在講述個人的經歷與觀點，但是其內容皆有其客觀，且具實證基礎的正向心理學理論在背後予以支持。

這本書清楚地指出個人在職場領域的成功，有很大部分源自於與他人正向的互動關係。書中也詳述了許多方法與技能，建議讀者透過有意識地運用，拓展個人的資源及發揮正向影響力，與你周遭的人、事、物能夠共好共榮，可以有效駕馭在心理上所受的挫折，導致個人職場的成功，最後終能邁進三個面向的幸福人生境界：

一、快活的人生（Pleasant life）：能夠成功在職場及生活中獲取各種正面的情緒，包括快樂、自信、平靜、滿足；

二、美好的人生（Good life）：能夠在各種生活的重要層面包括家庭、工作、職場與親子關係等，達到圓滿祥和；

三、有意義的人生（Meaningful life）：能夠達到更大的目標，充分實現自我。

這也是正向心理學這個領域研究與應用最終的目的。

第一部

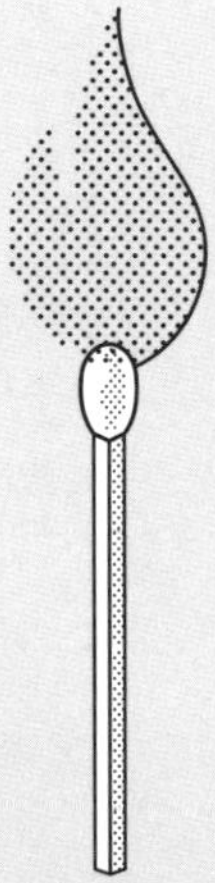

小潛力的大問題

第一章
看不見的力量

幫助別人找到光芒，彼此都會發光發亮

南亞的叢林裡，當黃昏緩緩接近叢林深處一條河流邊的紅樹林時，遠離家鄉華盛頓州的生物學家小心審視著蛇類出沒的水域旁鬱鬱蔥蔥的奇特景觀。修・史密斯教授（Hugh Smith）坐在船上慢慢漂流，他自然聽見了夜行動物或從洞中冒出，或從巢中飛出，展開夜間狩獵所發出的叫聲。我可以想像河水在星光下閃爍，不受遠處城市燈害的景象。接下來在一九三五年那個濕潤天裡發生的事件，已在學術史上記下一筆。史密斯抬頭看著一棵紅樹，突然間樹頂放出光芒，好似一道閃電從樹中往外射出，而非擊中樹木。接著整棵樹變暗，在他的視覺上留下一個燃燒的圖像。

然後那道閃電就像平時偶爾會發生那樣，再一次發威。

整棵樹再次閃光，接著又整個變暗，這樣的情況在三秒內發生了兩次。接著不可思議的是，河岸邊所有的紅樹突然一起放出閃光。在河流一側約一千英尺距離內的每一棵樹就在同一時間閃光，接著變暗。

我一想到這樣耐心、謹慎又科學的觀察家，為著對世界的好奇心離開太平洋西北故鄉的尋常生活，而能在那個夜晚得到大自然如此美妙的獎勵，我的內心深處就升起一股暖意。

他一回神後開始思索，於是明白，其實不是樹本身在閃光，而是樹身覆蓋著大量帶有生物發光現象的螢火蟲，這些螢火蟲全都在同一時刻發光了。回家後，史密斯博士將他發現這些同步發光螢火蟲的經歷寫成了一篇學術論文。這個發現實在太神奇了，令人難以置信，像是故事書中的情節。

故事接下來的發展雖然令我感到遺憾，卻一點也不意外：沒有人相信他。生物學家對他的描述嗤之以鼻，甚至說那是虛構的。公螢火蟲怎麼會一起閃光？這樣做只會降低他們突顯自己以吸引潛在伴侶的機會，不是嗎？數學家也同樣存疑。在大自然中，由混亂所產生的秩序怎麼會沒有一個領袖來帶領呢？而昆蟲學家則問道，在紅樹林裡能見度低的情況下，何以上百萬隻螢火蟲能看到足夠的同伴而表現出完全一樣的行為模式呢？從昆蟲生理、數學和生物的角度來看，這個現象都是不可能發生的。

然而，這並非不可能。到了今天，由於現代科學的發展，我們知道這個現象是如何發生的，以及為什麼發生。結果發現，這個令人不解的行為其實是螢火蟲為了演化而產生的。正如莫伊瑟夫（Moiseff）和科普蘭德（Copeland）發表在著名期刊《科學》雜誌上的研究發現，在幽暗的紅樹林深處，當螢火蟲隨機閃光時，母螢火蟲回應公螢火蟲的可能性是百分之三。但若螢火蟲一起閃光，母螢火蟲回應的可能性則是百分之八十二。當螢火蟲以互相連繫的群落而非個體而一起閃光時，成功率提高百分之七十九。

我們的社會教導我們最好要成為閃耀的孤星，而不是在眾星雲集的森林裡發亮。畢竟，那不正是我們在學校和公司裡認為的成功嗎？我們想以第一名畢業，想在最好的公司裡找到工作，想獲選參與眾人渴望的企劃案。我們希望孩子在學校裡是最優秀的學生，在社區裡是最受歡迎的小孩，在球隊裡是速度最快的球員。當各種資源有限時——不論是被錄取進頂尖的大學，受邀至傑出的公司面談，或是在最強的運動團隊裡占有一席之地，我們學到的是要跟別人競爭，讓自己可以在群體中與眾不同。

然而我的研究顯示，事實並非如此。螢火蟲研究人員發現，當螢火蟲能出奇精確地測定彼此脈搏跳動的時間（而且精確到毫秒），牠們就能完美地保持適當的距離，免除競爭。同樣地，當我們幫助他人更進步，其實也可以增加彼此的機會，而不必互相競爭。就跟螢火蟲一樣，一旦我們學會跟身邊的人互相協調合作，我們個人和人際生態系統都會開始更加閃亮。

但讓我們停下來想一想。螢火蟲究竟是怎麼辦到的？特別是在能見度和視野有限的情況下，牠們如何能如此完美地協調彼此的閃光？波士頓大學和麻省理工學院的研究員米若樓（Mirollo）和斯特羅格茲（Strogatz）刊載在《應用數學期刊》的文章中發現這個令人驚奇的現象：螢火蟲不必藉由看見其他所有的同伴才出現協調的動作；只要沒有一群螢火蟲完全落在其他任何群落的視野外，牠們就能跟彼此的節奏同步。換句話說，只要有幾個節點就能徹底改變整個系統。

我們在「正向系統」方面獲得的最新知識告訴我們，在人類社會中也有同樣的現象。正如你在本書中將會發現，在你的工作場合、公司或社區裡成為一個「正向節點」，幫助你身邊的人提高他們的創造力、生產力、才智和表現，你不但幫助群體更加進步，你還會加倍提高自己成功的潛能。

上述這個令人著迷的故事最後還有一個重要的細節。勘查這些叢林的生物學家現在知道，那些紅樹發散出的亮光可以綿延好幾英里。這個意思是說，其他的螢火蟲因此能更容易找到亮光的方向。所以閃光越強，越多新成員加入，也加進了牠們的亮光。對人類來說也是這樣：你越是幫助別人找到他們的光芒，你倆都會更加發光發亮。

別獨自衝得更快，而要讓集體一起變得更好

在喬治・盧卡斯為締造數十億美元票房的《星際大戰》系列原先所寫的劇本裡，電影史上最有名的這句話——「願原力與你同在（May the Force be with you）」，並不在其中。反倒是在起初幾個版本裡，原句是這樣的：「願他人之力與你同在（May the Force of *Others* be with you）」這一小段神祕的電影史與潛能科學的研究有何關聯呢？正如童書作家羅爾德・達爾（Roald Dahl）所言：「最大的祕密總是隱藏在最不可能

的地方。」而我相信，同時藏匿在這一小行文字裡的，是人類社會變相追求潛能背後的問題，以及如何能成倍提高我們的成就、幸福安康與快樂的祕密。

我們的社會變得過度關注「個人力量」，而非「在他人幫助下而增強的個人力量」。當然，好萊塢讚頌每一位超級巨星，（世上還有哪個地方，街道是以明星的名字鋪成的呢？）但當我們在公司和學校裡沿用這樣的劇本，只關注個人成就而把「他人」從對等關係中剔除，我們真正的力量就會一直隱藏著。但這種隱藏著的力量是可以被揭露的。

三年前，我在研究成功與人類潛能之間深層的隱密關聯時，我的人生有了重大的進展：我當爸爸了。

當我兒子李歐來到人世，他可以說是完全無助的，他甚至無法自己翻身。但是他漸漸成長，開始變得更有能力。隨著他學會每項新的技能，我發現自己正如任何一個優秀的正向心理研究員一樣，會說這樣的話來讚美他：「李歐，都是你自己做到的哦！我真是以你為榮。」之後，李歐會用他細柔但驕傲的聲音重複我的話說：「都是我自己做到的。」

那時我才明白：我們從童年起到後來成年進入職場，一直受制於過度看重個人獨力完成的事。身為父親，我的讚美和引導若只停留在那裡，我兒子可能會把獨力獲得的成就當做個人才能的最終考驗。但在現實生活中並非如此；還有另外一個截然不同的層面。

那樣的循環是從小開始的。在學校，我們的孩子得到的訓練是要自己用功讀書，所以他們在考試時可以贏過同學。如果他們找別的學生幫忙做作業，他們就會被斥責是作弊。他們每天晚上要做好幾個小時的作業，被迫只能把做其他事情的時間拿來換成孤獨的自習。他們一再被提醒，未來自己在職場上的成功取決於個人指標，包括他們的學科分數和標準化測驗的成績。從統計上來看並非如此，但這種方式確實達到一個效果：它明顯提高孩子的壓力，同時也剝奪他們的人際關係、睡眠、注意力、快樂和健康。然而我們不去質問這個制度，反倒指責那些跟不上這個狂熱追求個人成就的人。在學生要離開學校時，他們已經變得疲憊不堪、脆弱又孤獨，而且還發現他們被承諾的成功和快樂並不在彩虹的另一端。

突然間，當同樣那些考試成績優異的人需要跟其他人共事，一起將產品推出市場，或是要召集團隊一起完成工作目標時，他們就遇到難關了。同時我們發現，能晉升高位的並非是每件事都想獨力完成的人，而是那些會尋求他人協助，並與他人共同成長的人。有的父母能支持孩子透過平衡且與人連結的方式來追求成功，他們得到的回報是孩子能堅持不懈；而有的父母只是督促孩子追求個人成就而犧牲人際關係，他們對孩子過度疲勞和孤單寂寞的情況則毫無心理準備。

我們把人生的前二十二年花在批評和讚美個人特質與個人成就上，但在往後的人生中，我們的成功跟他人的成功幾乎完全互相關聯。

過去十年裡，我跟近乎半數財富百強的公司合作過，遊歷了五十多個國家，去各地了解人們如何理解成功、快樂和人類潛能的概念。我發現一個共通點，那就是大多數的公司、學校和機構都是以個人指標，如銷售金額、履歷表上的榮譽以及測驗成績來衡量和獎勵「高績效」。以這種方式做評量的問題，在於它是基於我們認為經過科學認證的看法：那就是，我們活在一個「適者生存」的世界。這個看法教導我們，成功是一個零和遊戲；成績最好、履歷表最亮眼，或是分數最高的人才是唯一能成功的人。贏得遊戲有個簡單的規則：比所有人更好、更聰明、更有創意，那麼你就會成功。

但這個規則並不正確。

由於你在本書中即將讀到的突破性新研究，我們現在知道，發揮個人最高潛能與「適者生存」無關，而與「最適任者得以生存」有關。換句話說，成功不只在於你多有創意、多聰明或多有衝勁，而是在於你與人建立關係，為你的人際生態系統做出貢獻，並從中受益的能力。成功不只是你在大學或公司評比有多高，而是你是否能很好地融入學習與工作環境。成功不只是你贏得多少分，而是你補足團隊技能的能力有多好。

我們經常以為只要我們更賣力工作、動作更快、更機靈，那麼我們就能實現最大潛能。但從科學的角度來看，在當今世界裡，獲致成功和實現潛能最大的阻礙並非欠缺生產力、不勤奮工作或沒有聰明才智；問題在於追求成功的方法。追求潛能絕不能走「單行道」。我十年來的研究結果清楚顯示：追求潛能的方法不是獨自衝得更快，而是讓集體一起變得更好。

緊抓著舊有的成功規則不放，我們便放著更大的潛能不用。我在哈佛大學十二年裡親眼見證了這個事實：學生因極度競爭而崩潰，擱淺在自我懷疑和壓力的岸邊。許多人知道自己不是唯一的超級巨星而驚慌失措。他們把自己逼得更緊，與外界隔絕，希望能跑得更快，成為最閃亮的那道光芒，但結果卻是陷入黑暗。高達百分之八十的哈佛學生表示，他們在大學生活中曾經罹患憂鬱症。

因為我到全球各地進行這項研究，所以我知道這不是長春藤名校學生獨有的問題。在一九七八年，憂鬱症確診病患的平均年齡是二十九歲。到了二〇〇九年，平均年齡是十四歲半。而在過去十年裡，成人患憂鬱症的比率加倍，兒童蓄意自殺以致住院的比率也同樣加倍，而且最年輕的只有八歲。到底是什麼樣的巨變能說明這個現象？而更重要的是，我們能做什麼來解決這個情況？

我們對個人成就的重視已造成嚴重的過勞，而這主要來自兩個重要轉變的激發。首先，科技和社群媒體的興起讓我們能全年無休地播報個人成就，不斷傳送競爭的訊息，同時引發不安全感。其次，在學校和公司裡，因追求更高的個人成功指標而造成難以估量的壓力和競爭，導致工時更長、睡眠更少、壓力更大。幸好，有一種更好的方法也已開始出現。

這條令人興奮的嶄新途徑是受到我最初在研究快樂議題時所獲得的啟發。我在《哈佛最受歡迎的快樂工作學》裡提到，我們可以透過練習感恩、學習樂觀以及冥想等方法讓自己變得更快樂。但如果在實踐的過程中你做這些事只是為了讓自己快樂，那麼你會碰到無形的限制，這時你的快樂既無法持續，也無法提升。提高快樂上限唯一的方法，是將你的快樂轉化為讓別人更快樂的動能。我最後終於明白，儘管快樂是一個選擇，但它不只是個人的選擇，而是與人相互連繫的選擇。這是因為當你與人交往時選擇將感恩和喜悅付諸行動，你會讓別人更容易感到喜悅和感恩，而這些人回過頭來會給你更多感恩和喜悅的理由。

有了這個發現的支持，我深入挖掘新的研究，得到更清楚的結論：快樂只是冰山的一角。現在，由於大數據的出現，我終於能看見過去潛藏不見的連繫。以前我們只能問像是這樣的問題：「你有多聰明？」或是「你多有創意？」或是「你工作有多勤奮？」但現在，我們能問更大的問題：「你能讓身邊的人變得多聰明？」「你能啟發多少創意？」「你的衝勁能對團隊或家庭帶來多少感染力？」「你能幫助別人提高多少韌性？」當我們問這些問題，我們會看到，離群索居無法造就個人最大的成功。正當這些新研究開始發表，我們也似乎開始明白，幾乎每一項表現個人潛能的特質，從智力、創造力、領導力、性格和積極性，都跟別人息息相關。因此，想要在身體、情感和性靈上真正成長茁壯，我們在追求潛能和快樂方面都必須做同樣的改變：我們必須停止個人向前衝的慾望，開始為集體變得更強大而努力。

當公司和學校創造極度競爭的環境並局限於慶賀個人成就時，他們就擱置了大量的天分、生產力和創造力，過度重視個人，且將他人從對等關係中移除，如此便在我們的潛能開發上設下一個「軟上限」[1]，人為地限制了我們得以企及的成就。但好消息是，我稱此為軟上限是有原因的：它可以被移除。因為當我們致力於幫助別人達到成功時，我們不但提高團體的表現，還使自己的潛能加倍提高。這即是我稍後會在本書中說明的良性循環，即「正向的回饋迴路」；在此情況下，你幫助別人變得更好可

1　譯注：soft cap原意指薪資上限，或有直譯為「工資帽」。設此上限的原因，是為防止大球團高薪聘用球員而致小球團難以生存。「軟上限」或「軟性工資帽」是NBA讓球隊可以透過特例，以超出薪資上限的薪酬聘用球員。

以為你帶來更多資源、能量和經驗，從而使你變得更好，進而再度激發這個循環。所以，幫助別人變得更好能讓你的成功升級，也就是說：

小潛力是你個人獲致的有限成就。

大潛能是唯有在良性循環中與人合作才能獲致的成就。

在本書中，我會描述我跟其他人合作的八個獨創性研究計畫，同時介紹學術界結合神經科學、心理學和網路分析而形成的正向系統研究新領域的前沿研究。但我知道，你不只是為了這些研究的綜述來讀這本書，其他書在這方面做得更好。反之，你想知道的其實是你今天就能馬上開始實行的方法。

所以在過去三年裡，我製作了一套實現大潛能的方法，這套方法奠基於前述的新興科學，我在美國太空總署、國家美式足球聯盟和白宮及其他地方的研究，還有我和那些活出大潛能原則的成功人士對話的啟發，這些人士包括威爾．史密斯、歐普拉．溫佛瑞、麥克．史垂瀚（Michael Strahan）。

這套路徑包含五個階段，我把它們稱為「大潛能的種子」，包括：讓你身邊圍繞著正面影響力構成的星系；幫助在各個位置上的人都成為領導人來擴展你的力量；成為讚美與肯定的稜鏡來增加你的資源；建立自我保衛系統免受負面攻擊；激發良性循環以維持獲益。種子對這個研究來說是最適當不過的比喻，因為一顆種子缺少了陽光、土壤和水分的幫助是無法獨力成長的。同樣地，你的確能增強自己的潛能，但你一個人無法做到。唯有借助身旁眾人的潛能，你才能獲得最大的成長。

我們不能再為求得些許小潛力而競爭感到滿足；我們必須為人類潛能尋找新的國度，並邀請其他人跟進。這個充滿挑戰的世界需要我們把「他人的力量」放回生活準則裡。而這一切就從螢火蟲群落中的隱藏式連繫，在哈佛大學赤身露體，沒有羽毛的雞群，還有拉著歐普拉的手尷尬共舞開始。

第二章

提高潛能的無形上限

我在哈佛大學當新鮮人那年一月的一個雪夜裡，半夜還在為了考試K書而熬夜。名為讀書週的兩週艱苦期將盡，在這段期間裡不用上課，顯然就是要給學生時間「讀書」以準備考試。但實際上，在這段期間除了考試之外，教授們還丟給學生分量最重的作業和報告。不論是在圖書館或餐廳，壓力充斥其間，學生個個為了表現個人潛力而進入備戰狀態。

有一天晚上，就在午夜前幾分鐘，我連續瞪著課本六小時後視力模糊起來，所以我看向窗外，卻看到了一個奇怪的景象。數以百計的學生突然齊聚在我的宿舍前。然後他們做了更奇怪的事：他們開始脫衣服。我因為一直念書而頭昏腦脹，心想這事是真的嗎？還是在哈佛的壓力把我搞得精神錯亂。然後，他們開始尖叫。

之前，我們講到紅樹林裡的螢火蟲藉由同步向暗夜的天空發出閃爍的螢光來吸引伴侶。嗯，現在我就要經歷一場相當不同的集體「閃光」。

每年在大考前的午夜，哈佛學生會參加一個叫作「原始尖叫」（Primal Scream）的活動，有人將這受人尊崇的傳統歸因於我們顯然不太遵循清教思想的老祖宗。當開國元勳約翰·亞當斯正以簽署獨立宣言而留名青史時，他的兒子查爾斯則因和友人在哈佛廣場裸奔被逮而名揚哈佛。他們被學校開除，但之後又被重新錄取（顯然如果你父親是開國元勳，你可以拿到至少一張免費的無罪出獄卡），而他們這個涼颼颼的傳統延續至今。三百多年後，那些最英勇和（或）爛醉如泥的學生會在牟沃樓前集合，在那裡開始脫衣服。那些凍到不行、全身赤裸的學生緊靠在一起，開始在老哈佛廣場的冰冷地面上慢跑起來，互相挨在一起取暖，同時還有數以百計的圍觀者從他們各自的宿舍裡不斷湧出。在那短暫的時刻裡，那股擔心自己無法在考試中發揮潛力的焦慮，被擔心可能凍傷的恐懼（那是非常真實的恐懼）取代了，更別提在同儕面前可能會產生的尷尬。

這是我暴露[1]在原始尖叫裡的初體驗——還請大家原諒我使用這個雙關語。現在，我要暫停一下，為不認識我的讀者介紹關於我的兩個重要背景。首先，我來哈佛前幾乎都是住在德州的韋科市，在那裡不但極力鼓勵大家穿著衣服，而且在雪地裡裸奔更是前所未聞，因為那裡根本沒有雪。其次，我很害羞。我從沒進過夜總會，從沒在酒吧裡跟女生搭訕，也從沒裸泳過。然而那天晚上，當我從一樓宿舍的窗裡看見這個奇觀，我擔心自己會錯過大學生活。我在那裡像修道士一樣關在宿舍裡，讀著關於奧古斯都統治下的羅馬城生活，而我的同儕卻盡情地體驗大學生活。所以，我決定要加入他們。

我累得糊裡糊塗的腦袋當下決定，最好的辦法是在房間裡脫好衣服，然後在隊伍其他人前往廣場途中經過我宿舍時，摸黑偷偷溜進大隊裡。就當房門在我身後砰的一聲關上時，我立刻明白我犯的第一個錯誤。我是從德州來的，所以我從來沒想過在雪地裡跑步時（不論赤裸與否）鞋子是很重要的。接著我明白了第二個錯誤：我把回宿舍要用的學生證留在褲袋裡，而那褲子當然是被我留在宿舍房間裡，堆在地板上皺成一團。就在那時我也明白了第三個錯誤，或許還是最大的錯誤：我單槍匹馬，完全無法隻身一人溜進群眾中而不引起任何注意。

隆冬時分我站在那裡，想著我最不願意陷入哪一種窘境時，一位同樣害羞、愛泡圖書館的宿舍樓友抱著書走出來。她驚聲尖叫，然後我倆都採取下面這個古老的策略：如果我們假裝什麼都沒看見，就能說服自己什麼事都沒發生。我羞紅著臉還腳趾發紫，偷偷溜進門裡進到我的房間，用人體極限的最快速度把衣服穿上。之後在大學的日子裡，她從沒提過我試圖參與這個三百年的傳統卻夭折的計畫：我的裸奔在我房門外兩英尺處就終止了。而當然我也從沒提過她是我在哈佛念大學時唯一看到我裸體的女孩。

一群人跑步，能比獨自一人跑得更遠

寫到這裡，本書因裸體、科學語彙和偶發成人事件而列入輔導級。我說這個故事不是為了其中的情色內容，而是這個故事強有力地說明了一個冷酷但確鑿的事實：這世上確實有些事必須要有別人的支持，而且也絕不該獨自嘗試。孤身一人追求潛力感

1　譯注：exposure，意指暴露身體或是體驗；在此作者兩意並用。

覺有點像那個沒穿鞋的大一新鮮人，從來也沒能趕上哈佛廣場上的裸奔；而且那樣做又冷、又孤單，也不可能堅持多久。然而，在一群人中跑步比較像是借助大潛能的力量；即使在極端的情況下，你可以跑得比自己一人跑步時更遠。

雷德・霍夫曼（Reid Hoffman）是專業社群網站LinkedIn的聯合創始人暨總裁，他總結得好：「不論你的腦袋或策略有多棒，如果你玩獨角戲，你永遠都贏不了一個團隊。」蘋果公司已故聯合創始人暨總裁賈伯斯，創立了史上最具競爭力且最強大的一家公司，他曾說：「企業的偉大成就從來就不是一個人獨力完成，而是一個團隊合力所致。」美國海軍三棲特戰隊（或稱海豹部隊）特訓時，有時會在伏地挺身時以手臂勾著手臂的方式來強調「一起」度過壓力，而非獨自承受。海豹部隊還有一句很棒的格言：「參加比賽的是個人，但絕地逢生的是團隊。」

哈佛的原始尖叫儀式證明了在面臨壓力的時刻，我們更需要別人跟我們勾著手臂。這個結論出自發表於《自然》雜誌上的一個研究，該研究分析了八萬則大學生的互動資訊後發現，擁有最高成就的人，是那些更會建立關係且以更多方式分享資訊的人。而在一篇發表於《實驗社會心理學期刊》的傑出研究中，研究人員發現，若你看著一座山丘並衡量山有多高時，只要你身旁有「社會支持」，你的觀點會立刻改變。事實上，如果你看著山丘時站在一個你視為朋友的人身邊，山丘會比你獨自面對時顯得平坦百分之十到二十。這是個驚人的發現。當你追求成就時有別人同行，你對客觀物質世界的觀點會因而改變。即使你的朋友離你有三英尺遠，面對著另一個方向，而且保持安靜，結果也仍然不變！這對人類的演化是有意義的。他人為我們提供資源和支持。所以從心理和生理上看，當我們身旁有人陪伴時，我們更有可能攀登山嶽、獲取成功、跨越障礙。

那麼為什麼人在工作上碰到壓力時會退回辦公室，為了把工作做完會把自己跟同事隔離開來呢？為什麼大學生回應壓力的方式是避開朋友，逃到圖書館裡一個隱蔽的角落，或是吸食大量的咖啡因、服用治療過動或注意力不集中的阿得拉（Adderall）和抗憂鬱藥物呢？我在哈佛擔任大一監考官，閱讀數以百計的學生錄取檔案時發現，絕大多數學生都要求要有單人宿舍，而不是跟室友同住。這不是因為單人房比較大或比較好，而是他們誤以為身邊有人會讓他們分心或讓他們失去競爭力。但這樣做，這些學生就錯失了一個確實能預測長期成功和幸福安康的因素：他人。這也是為什麼哈佛迫切需要這個叫作「心理學1504[2]」的課。

良好的社交關係，讓人快樂又成功

塔爾・班夏哈博士在正向心理學這方面遠遠領先其他人。在別人聽說有這樣的學科前，他就開始在哈佛教授此課程了。就在我的閃光實驗失敗後不久，哈佛這位深思熟慮、真誠實在的教授開了一門實驗性專題課。隔年，塔爾邀請我擔任他心理學1504課程的首席教學助理，從此將正向心理學推向全校。雖然哈佛給了我們校園裡最大的教室，但第一天上課到場的人群險些造成災難。接下來的兩年，每五個哈佛學生就有一人選讀這門課；看來，哈佛學生特別迫切想知道如何在極度競爭的環境裡改善情緒健康。

在那段時間裡，我設計並執行了一項哈佛有史以來最大型的個人潛能研究。一千六百位哈佛學生填寫了一連串經過認可的心理計量測驗和其他問題，這個測試要花費幾乎一個小時才能完成。我的目標是找出個人指標的矩陣（matrix），這個矩陣能說明哪些人會是哈佛最快樂且最成功的學生。換句話說，我能預測誰是最完美的哈佛學生嗎？我們搜集的資料組太大，以至於我單薄又廉價的筆電不斷當機。我的資料鉅細靡遺，從學生全家的收入，他們在高中的GPA和SAT分數，他們的睡眠時數，他們修幾堂課，到他們參加幾個社團等等。

但我開始分析資料時，我立刻注意到一個問題。這些學生的個人指標幾乎和他們的表現與成就毫無關聯！從統計上來看，SAT分數滿分的學生也可能所有的成績都拿C。幾乎身無分文的學生和他們的富同學相比一樣快樂，而且拿同樣的分數。臉書上的朋友人數也無法預測什麼，甚至不代表性格外向。正當我因為花了那麼大的工夫，卻找不到任何可稱為有意義的關聯而感到沮喪時，我終於發現了一個天大的例外，那就是：社交關係。

我用最著名的認證量表，來衡量個人自覺在生活中與人建立關係以及社會支持的程度，然後便輕易發現，社交關係是哈佛人求學生涯中個人及學業進展最重要的預測因子。它是情緒健康和樂觀程度最有力的預測因素，抵抗憂鬱症最好的緩衝器，也

2　譯注：哈佛大學最受歡迎的正向心理學課程（哈佛課程編號為1504）。

能預測學生在面對考試和學業競爭時所感到的壓力強度。結果更發現，它還成了學生在畢業後預測事業長期表現最強力的一個因素。這個證據似乎提示了一個不尋常的結論：在哈佛大學表現優異並非取決於學生的個人指標，而是跟學生融入校園文化和同儕群體的能力有較大的關聯。或者換個方式說，個人在哈佛獲得成功所需的潛力與「適者生存」關聯性較小，而與「最適任者得以生存」更有關。

從表面上看來，那些會成功的人似乎都是最閃亮的超級巨星，但在現實生活中，睿智的閃光卻是來自那些在眾星雲集的星系中找到自我定位的人。而且我也很快明白，這個觀念同樣適用於哈佛圍牆之外，對我們在公司、團隊、生活和事業中如何思考潛能的問題帶來巨大的影響。

一加一大於二的集體智力

在我寫這本書的前一年，我受邀到谷歌的一個名為re:Work的研討會上演講。研討會的目的是將好的想法變成「開放原始碼」（open source），供組織變革所用。在我演講前的晚上，我參加了在一家燈光昏暗、鑲著雪松木板的純素餐廳舉辦的晚宴（那正是我所期待的加州和谷歌風格)。席間我坐在一位滿臉笑容的男士旁邊,我沒認出他是誰,但他對我的研究提了幾個相當有趣的問題。一直到隔天早上那位男士站上講台,我才知道他不僅是研討會的主席,還是全球最受敬重的一位企業領導人。

拉斯洛・巴克(Lazlo Bock)是享譽國際的谷歌人力資源部總監。他兼具才智、寬厚、專注的領導特質,無疑使他年年成功地讓谷歌成為求職者最愛的頭號公司,也為他個人贏得了「人力資源專業人才十年獎」。正如他在他的暢銷書《谷歌工作規則》(*Work Rules!*)中所述,谷歌擁有持續聘用最有創意和高潛能員工的超能力,其關鍵在於谷歌習於大量搜集近乎所有的資料。

「大數據」這個詞用以指大量的數位數據組,這些數據組來自我們每次造訪某個網站、使用社群媒體、進行網購等等。這個概念近年來備受關注,因為我們現在可以使用複雜的演算法,來挖掘各種趨勢和模式的數據,進而能在人類行為方面獲取有力的洞見。大數據正在改變一切,從企業如何經營,到政府如何了解人口趨勢,再到醫生和公共健康人員如何探測疾病等。但相對鮮為人知的是,大數據也是可以為我們所用,是有助於了解大潛能的一項有力工具。現在我們手邊有如此多的數據,我們不再只受限於測量如智力、創造力和快樂的個人指標，更可以評估自身對他人的智力、創造力和快樂的影響。

因此幾個月後，當歐普拉要我幫她為我們的快樂課程找出五位領導人接受訪談時，我欣然接受這個機會，打電話給拉斯洛，希望知道這個全球數一數二的成功企業如何預測卓越和潛能。換句話說，我想了解「亞里斯多德計畫」（Project Aristotle）。

為了解開真實潛能的密碼，谷歌聞名全球的人力分析團隊，其數據科學家推出一個大數據新方案，以亞里斯多德計畫這個不怎麼隱密的名稱作為代碼。他們最初的任務是要創建完美的團隊。表面上看來這項工作似乎容易理解。如果你要組建一個夢幻團隊，只要找來表現最好的人就行了，對吧？所以下一個問題是，你找的人要有什麼樣的特質？高智商？精通數種語言？可以用心算解出二次方程式？基本上，那些都是亞里斯多德計畫運用史上最強的演算法技術想要知道的。藉由分析大量關於內在性格、技能組合、智力、個性到背景等數據，其中還包括數以萬計橫跨一百八十個團隊的回應，亞里斯多德計畫企圖找出建立職場最優秀人才的個人檔案。他們的結論令人吃驚，而且挑戰你對於潛能的所有認知。

他們發現，「最優秀人才」的檔案並不存在。亞里斯多德計畫得到的結論跟我在哈佛的研究結果十分接近：一旦涉及潛能，「個人特質」和「能力」對團隊的成功來說都是很差的預測因素。艾比・杜貝（Abeer Dubey）是谷歌傑出的人力分析部門其中一位領導人，他的結論言簡意賅：「在谷歌，我們對於『找出模式』這件事很在行，但在這個計畫裡看不到任何突出有力的模式。在這個等式中，『誰』的這個因素似乎並不重要。」

也就是說，你在團隊中的成就無關乎你有多聰明，你有多少個學位，你的個性如何，或是你得到什麼成績；也無關乎你修了多少大學先修課程，你多有創意，或是你會說幾種語言。而是把我們又帶回到原點，即個人在團隊中的成就與「最適任者得以生存」相關。

正如我在哈佛所發現，亦如谷歌利用當前最頂尖的數據科技所證實的，那些用來計算成功和潛能的變數是錯誤的。為什麼呢？因為那些是個人特質。換句話說，等式中的「誰」只能衡量你的小潛力。而小潛力遠遠不能預測你在工作和生活中得以獲得成就的所有能力。

然而我們在入學錄取檔案、就業申請書、面談以及其他形式的評量中，都將焦點錯置於「誰」這個因素。史密斯教授發現螢火蟲同步發光這個現象，引領了科學家質疑他們原來對動物行為的所有認知；谷歌似乎也對潛能的本質提出同樣根本的疑問。技能組合、智力、個性和身家背景何以對預測成就沒有統計上的優勢呢？

而且如果那些個人特質無法預測成功和潛能，那什麼可以？答案顯而易見：即你周遭的人際生態系統。亞里斯多德計畫發現，如果團隊成員表現出以下兩種特性，整個團隊就能不斷發揮最好的表現：一，所有成員皆擁有「高度的社會敏感性」，也就是對與社會產生連結的重要性有強烈的意識；二，團隊能營造讓每個成員都能平等發言且安心分享個人想法的環境。換句話說，成功之於谷歌亦如成功之於哈佛，非關適者生存，而攸關最適任者得以生存。

數十年來，我們總是在個人層次上衡量智力，就像我們也總是在個人層次上衡量創造力、積極性和膽識，但結果是我們沒能衡量影響更深遠的層面。《科學》雜誌發表了以下這份來自麻省理工學院、聯合學院和卡內基梅隆大學的研究，他們的研究人員找到了一個可以系統地衡量群體智能相對於個人智力的方法。那就好比我們評量個別學生如何成功解決一個問題一樣，我們現在也可以預測一群人如何成功解決一個問題或多個問題。

大家再次很容易會這樣假設：把一群高智商的人放在一個團隊裡，他們自然就會表現出高度的集體智能。但事實並非如此。研究發現，個別成員能力中等但卻擁有集體智力的團隊，跟所有成員都是天才的團隊比起來，能持續表現成功的比率更高。

研究人員總結出：「這得以說明群體在多種不同工作表現的集體智力因素」是「整個群體自身的特點，而不只關於其中的個別成員」。換句話說，最聰明的群體裡並不一定每個成員都絕頂聰明，又或是正如亞里斯多德的名言所述：「整體可以大過其部分的總和。」

這表示我們該用全然不同的方式來看待工作表現。我為「高潛能」員工所做的演講超過八百場，然而由於我將在本書中分享的新研究，使我現在知道所謂的高潛能衡量的其實是小潛力。我和我的團隊開始發現這個驚人的事實：你真正的潛能遠大於你個人所擁有的潛質。你的成功、幸福安康和表現，都跟你身邊人的成功、幸福安康和表現分不開。造就你成功的種種特性，都與他人互相連結，以至於當你幫助周遭的人變得更好時，你提高的不僅是群體的集體表現，還有群體中每一個人的表現。當你致力於幫助別人更加成功時，你也移除了個人成功的無形上限。

你快樂，周圍63％的朋友也會快樂

當黃石國家公園重新引進灰狼時，整個國家公園只剩下一個河狸聚落，一方面是因為大量麋鹿過度放牧的結果。但灰狼重回這個環境使得麋鹿不斷遷移，所以鹿群不會留在同樣的地方啃咬垂柳，這讓柳樹可以長大，並為河狸提供了築壩所需的木材。因此河狸重返黃石，草木得以生長繁茂；整個自然環境重新回到平衡。真是令人難以置信，一項改進引發了一連串的漣漪效應，而改造了整個生態系統。

我們可以在我所謂的「潛能生態系統」，也就是決定我們成就和表現的關係網絡中，看到類似的漣漪效應：多年來，全球各地的公司、學校和社區都一直以有限的方式來衡量成功和潛能。他們都認為，造就我們潛能的特性，從智力到積極性，到創造力，甚至到健康狀態，都只屬於個人而且固定不變，情況就是這樣。然後他們會根據一個單獨的數據點，像是你個人的銷售目標，你念哪個研究所，或是你的智商來做出廣泛的假設，諸如該聘用或升遷哪位候選人，要投資哪一家公司，或是錄取哪一個學生。他們除了評量個人獨力把考試考好或達成銷售目標的能力之外，完全沒有任何方法去衡量其他項目。

但現在我們知道，那些造就我們潛能的特性並非僅屬個人，也非固定不變；反之，這些特性跨越我們整個人際生態系統，而且也互相連結。藉由大數據和正向系統研究的幫助，我們現在有了必備的工具和豐富的數據組，讓我們能看見過去隱藏不見的模式。特別是有史以來我們第一次開始量化我們個人對周圍人群的影響，還有那些人因此對我們的影響。

人際潛能生態系統初始研究的核心，嗯，就是心臟。事實上，是五千顆心臟。知名的傅萊明罕心臟研究始於一九四八年，它是目前證實大潛能基礎理念最重要的一個研究。在二〇一七年，即該實驗開始近七十年後，我應邀至國家衛生研究院演講，該院負責提供經費給這個深入探究心臟疾病危險因子的研究。這個在麻州傅萊明罕進行長達數十年的研究，揭示了關於社會關係與心血管健康的重大發現。我從那次會議裡獲得的主要訊息是：在我們的社區或人際網絡裡有健康狀態良好的人，會提高我們更健康的機率。這個結果與其他類似的發現，都為結合正向心理學和大數據的研究廣開大門，顯示社交生態系統強烈影響我們在身體健康以外的更多層面。

與此同時，查爾斯河對岸的哈佛大學醫學院研究員尼可拉斯・克里斯塔奇斯（Nicholas Christakis）與加州大學聖地牙哥分校的詹姆斯・弗奧勒（James Fowler）聯手，將此類研究更往前推進一步。他們想，如果我們的身體健康互相關聯，那麼我們的心理健康和快樂程度是否也彼此相連呢？結果，他們發現這個關聯性超出我們的想像。如果你變得更快樂，位在你周圍半徑一英里內的朋友，變得更快樂的可能性有百分之六十三。哇！但同樣的道理，若你現在並不快樂，但待在快樂的人身邊，那麼你找到快樂的可能性也會大幅提高。簡而言之，讓身邊圍繞著快樂的人不能保證你會快樂，但卻能顯著提高你得到快樂的機會。

然而上述的發現只是冰山一角。我們現在知道，並非只有健康和快樂兩種特性互相關聯；但凡個人的性格、創意、活力、積極性、領導力甚至銷售表現，都能從圍繞在你身邊的人預測出來。換句話說，跟具有高潛能的人交往，能使你獲得高潛能成效的可能性大幅增加。

發表在《個性與社會心理學期刊》上的一份指標性研究中，密西根州立大學的研究員讓我們大開眼界，了解個性不是「一系列個人特質」，而是「一組相互關聯的個人特質」。我們身邊的人不僅會強力影響我們的個性，而且他們的影響在我們幼時就開始生根。例如，他們發現當三、四歲孩童身邊的同儕都很認真或很懂得社交，他們也會開始更努力學習，而且更善於社交。（這是一個長期縱向的研究，所以研究人員能觀察到孩童自主控制的能力、正面與負面情緒，以及社交互動改變的軌跡）。

同樣地，他們發現如果孩童身邊圍繞的都是注意力強、小心謹慎又活潑有趣的人，他們也會內化這些特質。反過來說，如果孩童身邊的人無法保持注意力、叛逆或是衝動，這些孩子也會變得叛逆或衝動。這份研究的其中一位作者珍妮佛・沃爾汀・尼爾（Jennifer Walting Neal）寫道：「我們發現性格特質在兒童中具有感染力，而這有悖於一般認為『性格是天生且無法改變』的假設。」

其他的特質，包括耐性、活力和內向／外向，也都具有「感染力」。根據哈佛教授布萊恩・李托（Brian Little）的研究，一個稍微內向的人在一群更內向的人當中會變得比較外向，然而一個稍微外向的人在大聲嚷嚷、更外向的人面前會變得安靜而且比較內向。

甚至天才特質也是互相連繫的。就以愛迪生為例，他是現代最多產的發明家，擁有一千九百多個專利權，然而歷史學家不斷琢磨他究竟是否曾獨自發明過任何東西。事實上，大多數聲稱是他個人的發明，都是他與共事的發明家團隊合作的結果。那並不是說他不聰明，反而是說，他的例子正巧展現了一旦我們認可潛能是相互關聯的事實後，我們能獲得何等成就。愛迪生能成為史上最重要的一位發明家，是因為他經由幫助他的團隊變得更有創意，他也能充分利用自身人際生態系統中的所有力量。那就是大潛能。

我以前的莎士比亞教授瑪喬麗・嘉柏（Marjorie Garber）曾在一個演講中說，數世代以來都把「天才」這個字的意思曲解了。她說，它的原意是指你可以「有天賦」，但無法「是天才[3]」。對比孤狼天才的迷思，創新和創意這兩件事，與個人特質及能力關係甚小，而與圍繞在你身邊的人關係甚大。你想想，為什麼現代世界裡一些偉大的藝術成就都出於作曲家、作家和藝術家雲集的沙龍、藝術家團體或是群聚？為什麼音樂家和文創人士要參加相關的節慶，作家會聚集在僻靜的作家靜修中心？那是因為他們知道親近其他的創作者，是讓自己的創意能量得以流動最好的方式。那就是我在第三章中所稱的「正向的同儕壓力」。

在工作場合也是一樣，我們需要其他人來啟發並誘喚出我們的創意。一項研究發現，在革新型領導人所在的環境中工作，會比在交易型領導人所在環境中明顯來得更有創意，也更具心理彈性（這是創新的要件）。革新型領導人指的是以清楚的願景來啟發，並鼓勵下屬創造新點子和成果的領導者；交易型領導人指的是用讚美和獎勵來直接交換獨力取得的高績效領導者。

甚至我們的學習過程也受到周圍人的影響。史丹佛大學和范德比爾特大學的研究員，透過其所設計的程式強有力地證明了這一點，他們稱這個程式為「貝蒂的大腦」。貝蒂是他們引進中學教室裡的網路動畫人物，目的是要觀察學生收到指示去「教」貝蒂環境科學的原理時會發生什麼情況。結果是學生花更多時間一再複習教材，因而對教材有更深入的理解和掌握。當我們要教導別人，而不只是單純為增加

3 譯注：原字是“BE”。

個人知識而學習時，我們自己能學得更好，這種情況叫作「門生效應」。這也是致力於讓別人更確實地提高你個人潛能的絕佳例證。

這些人際的連結有助我們增大個人的可能性。有足夠的聰明才智能學好一種語言是一回事，更棒的是能幫助別人學會說那種語言。學得韌性和生存技能是一回事，更棒的是能幫助受傷的受害者經歷暴風雨後存活下來。在工作上自動自發是一回事，更棒的是能在動盪和未知中動員整個團隊獲致成功。如果你只盡全力改善自己，你能達到的成果有限；現在是我們開始用全然不同的方式

你行善，也能激發別人的善行

我們身邊的人際生態系統，甚至會對我們的道德感和慈善活動有深刻的影響。

研究人員凱蒂．卡門（Katie Carman）到一家擁有七十五位員工的公司做研究，以了解每位員工平常究竟捐多少錢給聯合勸募協會。接著她進一步調查，當員工被調到公司其他部門時，也就是有新的影響因素出現時，會發生什麼情況。令人驚奇的是，當平時不捐款的人調職而坐到平時會捐款的人附近時，他周圍的同事平均每多捐一美元，就會令調職員工增加〇．五三美元的捐款。

我們慷慨解囊的意願不只是個人的選擇；我們會不斷影響他人如何給予、原諒和投資彼此的模式，同時也會受到他人此類行為的影響。

來追求成功與成就的時候了。

我們所受的教育告訴我們，若要實現個人潛能，我們必須在割喉般的競爭中擊敗彼此——先是在學校裡，接著是在工作場所。然而一旦我們了解成功是如何互相連繫，突然間另一種更好的做法就開始在我們眼前浮現。大潛能非關獨自一人跑得更快，而是攸關努力一起變得更好。

競爭≠競爭力，合作才能共贏

當威廉・繆爾（William Muir）還是個年輕的研究員時，他把自己整個學術生涯作為賭注，押在他對蟲子、魚類和家畜的直覺上。自從達爾文發表有名的物競天擇理論以來，適者生存的想法一直是我們理解生物學和遺傳學的中心思想。然而繆爾相信，一旦論及演化成功，重要的關鍵並不在於個人層面的「物競天擇」，而是在於「族群選擇」（*group selection*）。不幸的是，科學界早已排除族群選擇這個想法，且視之為謬論，並勸告繆爾如果想在學術圈步步高升，他得放棄這個追求才可能辦到。

然而，這兩種理論的差異，直指我們對人類潛能近乎所有認知的核心。繆爾決心要打開科學圈對這個理論的眼界，讓他們看見其中的價值。於是他進行了一個傑出的研究，揭示了影響深遠的驚人事實，而該研究在瑪格麗特・赫弗南（Margaret Heffernan）做的TED演說後變得更有名了。

假設你是養雞場的總裁（請耐心聽我說），你想培育出產量最高的雞群。那麼最好的策略是什麼呢？以往的基因和演化理論給了一個簡單的答案：找到下蛋最多的雞隻，把牠們跟其他高產量的雞隻送作堆來培育新一代更高產值的雞隻，接著再重複同樣的程序，直到你得到世上最精銳的雞場。

所以繆爾正是這麼做，他培養了七代的雞隻。同時，他還養了另一個「普通」組（這是高產和低產雞隻的組合），同樣也培育了七代。根據物競天擇的理論，大家會期待第一組的最後一代將產出一群明星雞隻。但是，並沒有。事實上，繆爾被迫提早結束了實驗，原因是高產雞隻幾乎都被啄死，僅有三隻存活（而那三隻母雞也未能全身而退，而是羽毛都被扯光了）。相反地，普通組裡的雞隻不但都存活下來，而且身上的羽毛絲毫未損。事實上，牠們下的蛋比那些最有價值的明星雞隻還多出百分之一百六十。

繆爾的賭注得到了回報。「你可以把精力浪費在維持啄食順序[4]上（pecking order），」他解釋道。「但若動物不在乎啄食順序而能和睦相處，牠們的精力就會轉移到生產上。」換句話說，當一個團體的成員（不論是人類或是雞隻）只專注於互相競爭強出頭，他們就可能兩敗俱傷；然而他們若能合作拉拔彼此，個個都會是贏家。

這個結論對我們如何思索個人在學校和組織中的表現有重要的提示。「若一頭豬或一隻雞靠著踩在同伴的肩膀或頭上而爬上最高位階，這樣的培育計畫毫無進展可言。」繆爾寫道。我不知道你們的經驗是如何，我自己在企業界倒是碰到過很多踩在別人身上的豬頭，和想獲得成功而不斷咬啄周圍人的鬥雞。如果你放任他們繼續下去，那你剩下的幾隻雞到頭來會羽毛盡失，牠們或許能存活下來，但卻無法成長茁壯。

無論我們何時想挑戰任何一條根深柢固的錯誤生存法則，肯定都會遭到負面的回應。大潛能面臨的第一個心理障礙，是來自於以自我為中心的觀念。我記得曾跟一個

4　譯注：原指雞群中依長幼強弱而產生的統御順序，若違反者會被啄以示警告。後用以指涉群居動物透過競爭取得社會階層和支配性的現象。

以競爭為樂的華爾街交易員談話，見面不到一分鐘，他就跟我說了他的兒子在足球和長曲棍球場上表現有多麼優異。當我提到大潛能的概念時，他問我到底為什麼「要幫助別人變得更有競爭力。能是群體裡最聰明或最強勢的人不是更好嗎？」

乍聽之下，這個批評似乎很合理。我所到之處，大家都這麼說。但這個想法的問題在於它沒有掌握事情的全貌。那強悍又聰明的人能獨力完成的事，跟他們在團隊裡與隊員產生連結，並提高群體表現而能成就的事相比，真是小巫見大巫。當你周圍的人都饒富創意且精明幹練時，你會變得比以前更有創意或更聰明。此外，因為我們的潛能並非固定不變，或更確切地說，那也是我們在開發別人潛能時會大幅增加的再生能源，所以我們在別人的技巧和能力上投資越多，我們在自己身上收穫的紅利也會越多。你可以是超級巨星；你只是無法獨力成為超級巨星。

這就是為什麼適者生存的思路誤導了我們，也是為什麼追求小潛力要付出昂貴的代價，又是短視的行為。回想我在哈佛做的潛能研究和谷歌的亞里斯多德計畫，兩者的結論都是：等式中「是誰」的因素無法預測長期的成功。繆爾的研究也確認了我們的結論。他解釋道：「那些社會效應累積起來，要比個人效應來得更重要。」要達到這些效應，我們必須不聚焦在「繁殖」那些會彼此競爭到死的高成就人士上，而是專注在幫助群體取得集體的進步。

在我們的現代職場裡，這個結論比起以往任何時候都來得更實在。當公司和制度變得更複雜，相較於團隊的整體成果，個人成就變得更不容易區分，也因此更不重要。在工作職場上，員工個別受評量的情況越來越少。此外，當領導者接受評量時，個人成就所占的分量更少，而他們開發團隊發揮更多潛能的能力比重更高。在體育活動中，有人相信得分最高的球員總會被網羅進入最好的球隊或拿到最多的獎學金。但球探不會關注輸球的隊伍，職場如球場，在一個很棒的球隊裡做個好球員，要比在一個讓人容易遺忘的球隊裡做個明星球員來得好。

而這個現象在未來的數年或數十年中只會變得更真實。正如維吉尼亞大學的研究員發現，僅僅二十年來，員工花在協作活動上的時間暴增百分之五十。前面提到的谷歌研究則顯示，現在每個員工一天中有超過百分之七十五的時間都花在跟同事或同僚溝通上。現在我們的潛能跟別人密不可分的情況或許更勝於歷史上任何時刻。

在這個快速變遷的世界，大潛能幫助我們保有韌性。不論是在生活中還是在事業上，失敗是難免的。如果你獨自跌倒或疲勞過度，你要花很長時間來恢復。但若你的成功跟別人的成就相連，在你恢復精力之前，你就有可以依靠的支持系統來護航。若你是一隻落單的超高產能螞蟻，你的麻煩就大了。但若你只是高產能蟻群中的一員，那麼在你痊癒前，整個群落還是可以持續茁壯。複雜網絡研究中心的領導人艾伯特—拉茲洛．巴拉巴斯（Albert-László Barabási）在他的書《連結》（*Linked*）中論到，任何系統中的問題都能靠系統內部的相互連繫受到抵禦，而得以抵消。我們越努力去幫助周遭的人變得更強，我們自己就越有可能得到保護和支持。

我們常聽說沒有競爭就沒有創新，但大多數科技上最偉大的發明都來自於跨越孤立學術單位、國

正向的競爭效應

我要強調，本書不在反駁企業中的相互競爭。我不認為競爭不好。事實上，適度的競爭不僅能大幅激發我們的潛能，還能帶來喜悅和能量。

正如達賴喇嘛所言，競爭可以帶來成效，若「它能被善用。想領先其他人是正向的行為，只要背後的意圖是為別人鋪路，讓他們的路好走些，是為幫助他們或為他們指明道路。當我們希望擊敗別人，撂倒別人來提升自己，競爭就是負面的。」大潛能不是經由限制別人成功的機率來獲得競爭優勢，而是要提升這些機率。

界和語言屏障的研究分享。實際上，沒有任何偉大的創新是獨力完成的。就我個人經歷而言，曾有其他研究人員擔心自己的點子會外洩，而要求我簽下保密協議，數量之多令人可憎。但事實上，我發現這種做法只有反效果。那些緊握手中的牌，把它們緊貼在胸前的人很少是贏家。只有當我們和其他專業領域或觀點的人分享我們的發現，或請教不同領域的人對我們的觀念提出回饋意見，或透過潛在用戶試驗我們的想法時，突然間，真正的潛能就開始浮現。

威廉・愛德華茲・戴明（W. Edward Deming）是組織發展學說的一位祖輩人物。他在對彼得・聖吉（Peter Senge）的企業管理經典《第五原則》（*The Fifth Principle*）一書的評論中寫道：「人們一出生就帶著天生的動機、自尊、尊嚴、向學的好奇心和學習的喜悅。破壞的力量始於幼兒期，一直持續到大學，像是人們為了萬聖節的最佳服裝獎、在校成績和公司的金星獎勵而競爭。在工作上，個人、小組和部門都被分級，級數最高的受到獎勵，最低的受到懲罰。」如果我們持續教導我們的孩子要一路啄食到最高層，不但限制了他們的潛能，也限制了整體企業和經濟的潛能。

「讓別人更好」的力量

在我第一本書《哈佛最受歡迎的快樂工作學》裡，我提到儘管人們傾向相信追求成功會帶來快樂，但研究顯示這個關係是倒過來的；也就是說，當我們追求快樂的時候，我們其實有可能變得更成功。然而，我又一次受到反擊。畢竟大家仍忍不住想道：「如果能快樂的話還是很好」，於是會想：「嗯，好，我先把這份工作做完，或我先得到那份好工作或獲得升遷，然後我才能開始去想快樂這個東西。」但二十多年來的研究證實這個思路是錯的，而且也大大限制了你的成功率和快樂。

在此我也提出類似的論證。人們同樣會忍不住認為大潛能是完成其他事情後再去關注的事，於是認為：「嗯，好，一旦我成功了，一旦我變成超級巨星了，然後我才能開始想怎麼把自己的光芒照耀在別人身上。」然而研究結果顯示，這個觀點也是走錯了方向。

事實上，大潛能完全不是單向運作的，而是以正向的回饋迴路來運行。藉由這個迴路，我們人際生態系統中的種種成功，能創造出如瀑布般大量匯集的成功，或是我所謂的良性循環。

「惡性循環」這個詞，被用來形容大量的負面事件混雜在一起會發生的情況。例如一位員工不喜歡現在的工作，所以她心不在焉，因此她的工作表現會變得很差而讓她更不喜歡自己的工作。又或是一位傑出的全壘打打擊手在一次比賽中被三振，他便開始失去信心，揮棒時變得膽怯而造成下一個球賽中更多三振等等。但這種惡性循環模式有個鮮為人知的替代方案。

良性循環是潛能的螺旋式上升，藉此隨著每一次的成功，你會獲得更多資源，而因此得到更多更大的成就。比如，一位銷售主管將她在銷售成績上獲得的讚譽與她支援團隊的每位成員分享，而使得這位成員感到更受重用——這個結果為這位銷售主管帶來更多銷售佳績，也連帶獲得更多成功和讚譽。又如一位工作過量的經理，對他的助理有相當的信任，而授權給他一份重要的工作，這個授權使得那位助理感到被信賴而在工作上傾注全力，大獲全勝，因而得到經理更多信任。又或者一個學生努力克服自己在學校跟陌生人交談的羞怯，結果交了個朋友，因而讓他更有信心，繼續克服目前已經逐漸減輕的羞怯。

柯林・鮑爾將軍（Colin Powell）曾說：「永恆的樂觀是『力量倍增器』。」力量倍增器可以是你周遭環境中的任何物件或人，而它們能加倍提高你的能量去完成更多更大的目標，那些遠勝過你能獨力完成的目標。本書中的五個策略已被證實是真正的力量倍增器。根據我在世界各地與各個機構（如：美國太空總署、美國財政部及國家美式足球聯盟）合作的研究和觀察，你會學到如何將這些種子種在最肥沃的土地上，那就是幫助創造這樣的環境，讓你在其中可以經由投資他人而獲取最高的收益。無論你的職位、年齡或是頭銜為何，你都能因為在生命中種下這些種子而找到創造潛能良性循環的有力策略。

就第一個策略而言，我會解釋你如何能透過在身邊創造一個星系，而成為超級巨星。當你幫助別人發光，整個星系的亮度會增強，因而使你自己的星體更明亮。

在第二個策略中，我會描述如何透過幫助別人在各自的崗位上成為領袖，來擴展你創造人際生態系統中正向變化的力量。你越增強別人散播個人力量的能力，你的影響力就越能大幅增強。

在第三個策略中，我會解釋提高他人潛能的方法的相關研究，並討論為什麼那麼做會為我們自己帶來更多回報。我會告訴你如何成為「讚美的稜鏡」，以及如何將讚美的光芒向外折射，不只照亮別人，也同時強化自己的立場。

在第四個策略上，我會告訴你如何保衛自己的潛能生態系統以抵禦負面的影響，而讓整個系統更堅韌。一旦你有能力去處理更艱難的挑戰，你就變得更強壯，而且可以處理更大的挑戰。

在最後的策略上，我會告訴你如何保持你潛能的增益，創造集體動力來將潛能的上限提升得更高。在孤立狀態中的成功是有限的，而彼此連結的成功則相互催生，向上疊加。

我至今已經跟無數企業領袖合作過，跟校園槍擊案受害的教師和家長談過話，從剛診斷出多發性硬化症的病人身上學到正向思考的力量，也見過許多名人，大家都希望了解通往大潛能的門徑。不論在哪裡，我都一直聽見同樣自我設限的說法：「你無法改變其他人。」「人都是個別基因和環境下的產物。」「有些人天生就是那樣。」我們從老師、公司主管、治療師、家長和教練那裡聽到太多這樣的言論，以至於身為社會一份子的我們開始接受這些說法。但這背後並沒有任何科學依據。實際上，過去八十年間，研究人員在人們的生活中引進不同的變數以產生有意義的影響，每一個這樣的研究都證明你可以改變其他人。事實上，我們時時刻刻都在改變別人。

我覺得很奇怪的是，有些人聽到「我們無法改變別人」這種說法時點頭如搗蒜，但五分鐘後又說起他們的生活或工作環境裡負面人士所帶來的各種毒害。如果客戶一封帶著怒氣的電子郵件、鄰居無禮地對待，或是跟經理之間糟糕的互動都有可能讓你一整天感到烏煙瘴氣，為什麼反過來就不成立了呢？為什麼在你的生活中跟正面思考的人互動不會讓你的日子更好過，做出更正面的選擇呢？

生命的意義是：讓別人的生命也有意義

我們都擁有「讓別人更好」的力量。而當我們決心運用這份力量時，我們能成就的事就沒有上限。我相信這一點不只是因為數十年來的研究成果，更是來自我自小觀察父親的個人經歷。

今年年初，我父親在任職神經科學教授三十八年後退休了。儘管他早期的一些研究確實幫助推動了整個神經科學領域的發展，但他並未全心投入發表學術論文來建立自己的成就。相反地，我父親指導比其他教授還多了五倍的學生，同時他也把心力放在我跟妹妹身上。

然而在父親教授生涯大半的日子裡，他覺得自己是個失敗的人。他不像有些同事發表那樣多的學術論文，他們放棄指導學生來換取更多的個人聲譽；而且他還曾希望追隨他父親的腳步當外科手術醫生，因為景仰他是個戰地英雄，在戰火中受槍傷三次後還為傷患進行氣切手術，而因此獲得海軍十字勳章。這樣的楷模難以仿效。而且父親在加州大學洛杉磯分校動盪的大一生活過後，儘管接下來三年他都拿A，但還是沒能拿到進醫學院所需的成績。然而在看到他幫助那麼多的學生進醫學院就讀，看他陪著那些沒被錄取而哭泣的學生，還幫他們思索如何走一條不同但或許更好的道路之後，我明白了真相：他在幫助那些孩子發揮他們的潛能時，找到了自己的大潛能。

如果你曾在有志難伸的人身邊成長，或是跟這樣的人住在一起，你知道那種想幫助他們更清楚看待自己的人生而會產生的心痛和無力感。我們很容易只看著一個數據點或是單一分數和數字，而忽視了一個人對世界卓有貢獻的實相。

在父親的榮退派對上，席間坐滿了深受父親影響而改變生命的人，他們要我說說父親的事。我說了一分鐘後，我年幼的兒子李歐跑到台上來伸出雙臂，還用他那因演化設計而令人憐憫的聲音[5]說，「爸爸抱抱，爸爸抱抱！」我站在那裡以一個與有榮焉的兒子身分為父親慶賀，同時又以一個引以為傲的父親身分關愛著自己的兒子……突然間，大潛能的概念開始以全新的方式變得合情合理。

我以為我對李歐的期許已經包含了一切。我希望他快樂；我希望他聰明，而且不只是聰明，我希望他讀的第一本書是《戰爭與和平》，讀俄文原著，而且還要帶著英國腔大聲唸出來（這樣他會聽起來更聰明）。我希望他光芒四射，亮眼到人們得戴起太陽眼鏡才行。

但當我把兒子抱在懷裡為父親慶賀時，我才了解原來我期許李歐能得到的遠遠太少。現在我明白，我期許李歐像我父親一樣。我希望他不只是自己快樂，還能讓身邊每一個人更快樂。不只是創意無窮，而是讓身邊每一個人更有創意。不只是成功，而是讓身邊每一個人更為成功。我不只是希望他成為一道明亮的光，我還希望他讓身邊每一個人更加閃亮。

本研究的核心是我如下的信念：沒有他人的人生是沒有意義的。想想我說的話。

要成為真正的領導人，關鍵在於啟發別人成為領導人。要擁有良好的育兒觀念以及維持緊密的關係，關鍵則在於幫助我們所愛的人呈現最好的一面。要得到真正的快樂，關鍵是在幫助別人變得更快樂的過程中得到喜悅。而要達到你的最高潛能，關鍵始於幫助別人達到他們的最高潛能。我期許李歐得到這些；我也同樣期許你能得到它們。

所有這一切都從提出更大的問題開始：我在這個人與人之間有緊密連繫的世界裡能如何擴展自身的影響力？我如何用我的人生和能量來影響他人？我如何使別人變得更好而提高自己的潛能？我可以跟你保證，如果你不問這些問題，你的潛能會受到限制，而你的成功也會非常短暫。本書探索新的科學研究，這些研究會告訴你如何能藉由提高別人的潛能、幸福安康和快樂的上限來提高自己的上限，亦即為我們大家打造一個更好、更快樂且更繁榮的世界。

在這樣時而黑暗又複雜的年代，我們不需要一盞在夜晚閃爍的孤燈；我們需要的是一起閃光，越閃越亮。

—

5　譯注：作者有玩笑之意，意指幼童慣有令人憐愛的聲音是人類演化的產物。

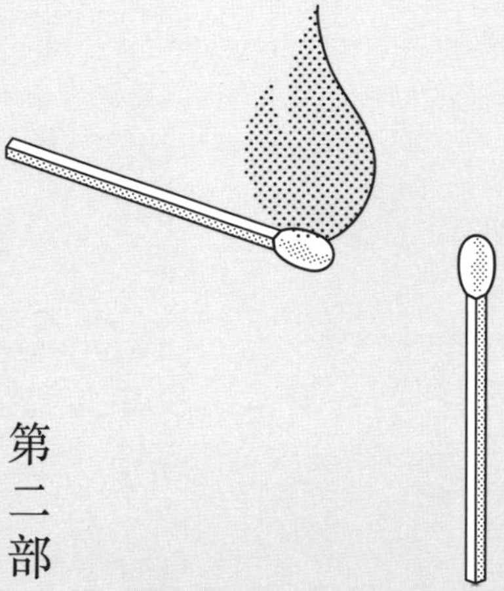

第二部

大潛能的種子

第三章

讓身邊圍繞正面的影響：創造更明亮的星系

二〇一四年二月，我太太蜜雪兒懷孕八個月，她說我旅行太頻繁了，「建議」我在李歐出生前別再接更多工作。然後她像事後想起什麼似地接著說，「當然啦，除非是歐普拉打電話來。」三天後，歐普拉的團隊打電話來了。一個月後，我發現自己緊張地坐在歐普拉位於加州蒙特西托住家的後院。

我受邀為她的節目《超級性靈星期天》進行一小時的訪談；老實說，這是最好的一個電視節目——一小時的深入訪談，受訪者包括布芮尼・布朗和羅勃・貝爾等傑出思想家。

我人到了那裡，拍片人員正在一條小徑的最末端搭起布景，這條路蜿蜒穿過歐普拉住家的紅木森林（是啊，她擁有一座紅木森林，就跟任何人一樣）。接著，攝影機會捕捉來賓（今天是我）與歐普拉初次見面美好自然的時刻，但是我的時刻既不美好又不自然，我一見到她，就整個腦袋關機。日後我更試圖想忘記接下來發生的事情。

歐普拉以她特有如歌唱般的嗓音喊出我的名字作為招呼：「尚恩，尚恩，尚恩！」就在那時，我才意識到我不知道跟她見面的規矩是什麼。我要怎麼回應她呢？「歐普拉，歐普拉，歐普拉」？所以我很聰明地——不發一語。她抬起手來，我直覺地去拉她的手，然後才明白我完全都不知道我們是要擊掌、擁抱還是要跳舞。很不幸地，接下來的結果是這三者的可怕組合。我們抬起手臂，緊握著手，然後尷尬地旋轉，我驚恐的雙眼跟她疑惑的眼神相遇。經過幾秒鐘，旋轉了將近三百六十度以後，工作人員慈悲地關上了攝影機。

歐普拉的天分之一是她讓來賓感到自在而願意在對談中向她吐露一切，我也不例外，即使我搞砸了初次見面的氣氛。那也是為什麼下一段訪談得以發生的原因。在我們錄製完一小時的節目後，她的工作人員開始拆下布景，我對她吐露了我當時的感受。我轉向歐普拉對她說，可惜時間太短了，我很喜歡我們的對談。但我真正想說的是另一件事：我對抗憂鬱症的經驗。大家很容易就會說：「他當然很快樂。他研究快樂學，太太也是快樂學的研究人員。他妹妹是獨角獸[1]。」同樣地，大家也很容易會想：「歐普拉當然很快樂。你看看她擁有的機遇、資源、財富和朋友。如果你是歐普拉，你肯定很容易就覺得快樂啊。」

這也是為什麼接下來的經驗讓我如此驚喜。歐普拉轉向我說：「尚恩，我經歷過兩年的憂鬱症，當時我的事業處於巔峰狀態，收入也最多，但《寵兒》（*Beloved*）[2]的票房沒達到我的預期時，我整個人崩潰了。」我回答她：「我在哈佛教學生怎麼做可以不憂鬱的時候，自己經歷了兩年的憂鬱症。」她接著跟工作人員做了個把攝影機架上的手勢，結果我們又談了整整一個小時，討論人們在追求潛能的過程中失去喜悅時該做些什麼。

雙人彈跳，能幫你跳得更高

我告訴你這個故事是因為我在對抗憂鬱症時所學到的經驗，正是大潛能第一顆種子策略的核心。

回到我在哈佛那段時間。我以為當時做的事情都是對的：我成功地從韋科市的一所公立高中畢業，被錄取進一所常春藤大學。我拿全額的軍方獎學金，從哈佛畢業時我學業表現優異。我太擅長於在這些個人成功指標上打勾，以至於從未停下來看到自己其實是孤單一人。我以為自己可以做每一件事，而且有段時間我以為我「應該」凡事都事必躬親。也就是說，這樣的想法伴隨著我，直到我理解這樣的心態不僅是我罹患憂鬱症的根源，也為我未來的成功設下了無形的上限。

當我將心態從「我能獨力完成所有的事」轉變為「我需要別人的幫助」時，我的轉捩點出現了。憂鬱症教我的是，為了達到我的大潛能，我需要有更堅強的人際系統圍繞在我身邊。而且為了交朋友，我必須先去做別人的朋友。於是我拿起電話向外求

1　譯注：作者的妹妹為艾美・布蘭克森（Amy Blankson）。作者曾在演講中提到，在童年時為了哄騙跌倒的妹妹而戲稱她為「獨角獸」，進而讓她停止哭鬧。艾美和作者共同創辦「好思維顧問公司」（GoodThink），也是「歐普拉幸福課程」（Oprah's Happiness Course）的專家，並與Google合作研究如何運用正向心理學做出改變。另參見第一一六頁內文。

2　譯注：改編自Toni Morrison的同名小説，歐普拉擔任製片人。

援，重新跟我關心的人連繫，全心全意去傾聽他們的問題。即使我自己還感到傷痛。

但同時我也必須坦承我所面臨的挑戰。一直以來，我試著投射一個成功的形象，我太害怕且羞於承認我需要幫助。但我很快明白真正的關係是一條雙向道，「單向的友情」實際上會讓人際系統變弱且韌性降低。所以我撤下一切都完美的戲碼，向我最親近的十二位親友吐露心聲。我告訴他們我正遭遇憂鬱症，我需要他們。我不再試圖表現完美，或是「獨力」完成每一件事。

那樣做帶來不可思議的影響。他們不僅立刻聚在我身邊，而且也向我傾吐他們一些生活經歷，像是他們一直在對抗的問題，包括孤獨和成癮。就在我個人對完美的追求讓他們覺得我無法接受他們不完美時，他們對我隱瞞這些問題。這讓我開始對他們有更深層的認識。結果是，直到那時我才得到了我二十四年來人生中最棒的社交支持系統。我的憂鬱症痊癒了，而且從那時起我享受到更多的意義和成功，多過我從前沒有那樣的支持系統時可以獲得的一切。

有時或許當我們身邊圍繞著吵吵鬧鬧的孩童、飛機上咳嗽的乘客，或是一個負面又情緒化的老闆時，我們會渴望逃到一個只屬於自己的偏僻海灘。但當我們偶爾都需要一些獨處的時刻來反思和充電時，與世隔絕從來都不是治療人生苦痛的良方。身為人類，我們生來就是部落群居的動物，而不是荒野孤狼；打從人類祖先還是狩獵採集者的日子，我們便急需彼此以求得生存。確實，所有具重大影響力的宗教傳統諸如伊斯蘭教、基督教和猶太教開宗明義皆說：「人注定不該孤獨一人」。[3] 即使是在全世界最糟的地方——監獄，最嚴峻的懲罰就是將人隔離。

然而諷刺的是，正當科技和網際網路讓我們比在人類史上任何時期都能更緊密連結的時候（社群網絡讓我們能跟地球另一邊的陌生人即刻且無縫接軌），我認為我們卻比以往更渴求真正的連結。與此同時，我們現在才開始明白身邊的人際網絡對我們的幸福安康、快樂和成功有著全面的影響。

如果你曾在彈簧墊上待至少五分鐘，你或許經歷過所謂的「超級彈跳」（或「雙

3　作者註：我驚奇的是，這句話如此重要而被放在《聖經》第一書的第二章。這一章特別的是提到亞當在他生命中需要另一個人，但並未明指性別上的需要。實際上，《聖經》其他書章以及猶太教、基督教和伊斯蘭教的傳統全都指向這一點，那就是我們都需要社群同伴，而其教義的核心都是要愛人。

人彈跳」）。當你獨自在彈簧墊上跳著，你只能跳到一定的高度，但你若能說服某人在你身邊一起跳（而且你時間也算得剛好），他額外的重量會增大潛在的能量，你們兩人因此都能彈得更高。大潛能就是那個超級彈跳，那也只有在他人跟你一起跳躍時才可能發生。

你潛能的高度可以藉由圍繞在你身邊的人預測出來。因此，為你的潛能創造超級彈跳的關鍵，在於讓你身邊圍繞著能提振你而不是拉垮你的人。你將從本章學習到，讓身邊圍繞著活力十足且表現出色的人，能給你帶來提振到新高度所需的能量。

自從那次歐普拉的訪談之後，我有機會跟幾位好萊塢的名人、知名運動員及高層主管合作；儘管他們擁有名聲、成功和財富，他們也飽受孤獨和空虛感的折磨。我現在得到這個結論：想成為最閃亮的孤星要付出三個隱藏的代價，它們是：孤獨、喪失意義、最終過勞。獨自追求潛能不會讓人長期穩當明星。正如沒有星系在旁環繞的星球會自我崩解一樣，想獨力成為超級巨星的個人會在中途熄火，過不了多久就消失殆盡。

培育一個明星球隊，而不要只嬌寵一個超級巨星

我知道你想成為超級巨星。如果你有小孩，你也會希望他們成為超級巨星。我見過無數家長送孩子去念昂貴的私立學校，希望那裡競爭的氣氛會把他們變成任何學校都無法抗拒的超級巨星學者，然而這些極度競爭的環境，是按「為了要有贏家，那就必須有輸家」這樣錯誤的觀念來辦校的。但事實並非如此，而且完全誤解了大潛能的內涵。正如知名籃球教練約翰．伍登（John Wooden）曾寫道：「明星地位的要素是球隊的其他成員。」

所以，讓我們實實在在來面對贏球（或得勝）這件事。季諾．奧里耶馬（Geno Auriemma）是康乃狄克大學女子籃球隊的首席教練，他是籃球界或許還是整個體育界，最成功的一位教練。直到我寫這本書時，季諾的球隊已經連續兩年沒輸過一場球，而且他的球隊在過去五年裡四次贏得全國冠軍。他是怎麼做到的呢？在他營造的球隊文化裡，判斷球員的方式是看他們對球隊的貢獻，而非他們各自的成功。球員因幫助整個球隊表現更好而成為球星，只有這樣的球星可以上場打球；相反地，那些想靠搶隊員鋒頭而成為「超級巨星」的球員則要坐板凳區。就如季諾所言：「我寧可輸

球，也不要看著孩子們像別的孩子那樣打球……他們總是想著自己。我、我、我、我。我沒有得分，我為什麼要高興？我上場沒幾分鐘，我為什麼該高興？……所以當我看球賽的影片時，我會看板凳區發生什麼事。如果有人在那裡睡覺，有人毫不在乎，或有人不專注看著球賽，他們就永遠不能上場打球。永遠都不行。」

你可以把季諾放在任何一家公司的任何一個團隊，他都會不斷贏球，因為他的贏球哲學是要培育一個明星球隊，而不是去嬌寵一個超級巨星。備受尊崇的阿拉巴馬大學常勝足球隊首席教練尼克・薩班（Nick Saban）也是一樣，他完全不相信那套「要傳球給最有價值球員」的傳統，他認為只因為球員個人成就而凸顯球員有違他的贏球目標；對他而言，成功指的是整個球隊勝出，而不是明星球員漂亮的統計數字。季諾和尼克不像許多教練、主管或教育工作者那樣，他們知道那種「我、我、我」的態度對球隊及個別球員，都是有害的。

比如，就籃球而言，你會認為進球的百分比最能預測球賽的結果，對吧？但事實上，楊百翰大學的一項大型研究發現，助攻失誤的比例更能預測球賽的勝負。那是因為大量的失誤意味著球員緊抱著球不放，希望因此能有機會得分；然而大量的助攻意味著球員不是想著自己進球，而是努力去爭取集體的勝利。

商業行為也一樣，那些只關心個人成功的人走不了多遠。想想那個極度好競爭的創業家，他把共同創辦人踩在腳下，占員工便宜，又誤導投資人，最終只會導致公司一敗塗地。或是想想那個十四歲就賺進人生第一桶百萬美金的童星，十六歲時進戒毒中心，事業上最美好的歲月都已成過眼雲煙。或是那個狂妄自負的運動員，他第一年為球隊贏得了獎盃，第二年就因為無法好好融入球隊打球而坐了板凳區。類似的情況太常見了，我們全神貫注在展現個人的優點上，而低估了圍繞身邊的人所擁有的更大優勢。

即使你把一卡車的明星都聚在一起，你也不盡然能創造出致勝的團隊。馬克．德．朗德（Mark de Rond）發表在《富比士雜誌》的文章中舉了個最好的例子，他提到皇家馬德里足球隊花了四百萬歐元召集了最不可思議的球星：像羅納度、貝克漢、席丹那樣的巨星。然而，從二○○四到二○○六年，這個足球史上薪資最高的一個團隊，卻遭逢球隊史上最慘的球季。同時，在二○○○到二○○六年間，奧克蘭運動家棒球隊在美國職棒聯盟隊伍中，花最少錢在選拔新隊員上，不灑重金聘請巨星球員，但卻在那段時間裡比幾乎其他任何球隊都贏得更多場比賽。

加州大學聖塔芭芭拉分校的經濟學教授彼德・庫恩（Peter Khun）曾指出，有計畫地獎勵個人成就的公司（或學校），實際上只會降低他們的成功率。以個人表現為基礎的獎勵制度，所創造出的是一個「暗箭傷人，且同僚之間會私藏資訊的文化。」他發現當人們自以為優於同儕時，就更有可能去獨力完成目標。但當庫恩和法國國家科學研究中心的經濟學教授瑪麗・克萊兒・維樂瓦爾（Marie Clair Villeval）合作時，他們發現如果給員工提高百分之十的薪資要他們組隊而非獨自工作，較多人會加入。那些現在受

單打獨鬥，光環盡失

在一項非常有趣的研究中，哈佛研究人員檢閱了包含一千零五十二個投資分析師的樣本，這些分析師都是業界的箇中翹楚，都在高難度和競爭激烈的工作中找到了成功的訣竅。然後研究人員繼續檢視當這些分析師調職到新銀行的新團隊，或是因赴高薪而離職到其他公司後會發生什麼情況。

如果成功只關乎個人的毅力、苦幹、才智等，那麼這些明星分析師應該在新的環境裡同樣表現出色，並且持續獲取成功，勢頭不減。但事實卻非如此。高達百分之四十六的巨星殞落，他們就是無法在新的銀行裡複製過去的成就。而且那些分析師不只是短期內如此，在五年後也依然表現不出過去的高水準。

到激勵而參與團隊協作的男性員工會開始去分享更多資訊，而且會花時間訓練同僚，因而有助於提高團隊的成功。

我們必須放棄獎勵個別成就的做法，並激勵員工去提高他人的進步。為了達成這個目標，我們必須打破「我、我、我」這種心態的惡性循環。我們必須停止再問「你拿多少分？」而開始問「你如何幫助你的團隊得分？」我們必須改變工作場合、家裡和學校的獎勵制度。正如高盛公司前學習長史蒂夫・柯爾所寫：「領導人希望得到A（團隊合作），但卻獎勵B（個人成就）。他們必須反過來學習如何發現並獎勵兩者兼具的員工。」

追求團體的勝利不僅幫助我們在短期內表現更好，也能幫助我們在更長時間內保持韌性。當我們彼此連結越緊密，生活中單一的挫敗或負面事件就越會有他人幫我們緩衝。同樣地，在我們的人際生態系統裡有更多人一起分攤壓力、挑戰和重擔，每個人的負擔就會輕一些。超級巨星球員偶爾會在終場前最後兩分鐘將全隊贏球的重擔扛起來，但他們能這樣做唯一的理由，是他們整場球賽都與隊友一起分攤能量的消耗。不論是在工作、生活、運動或任何事情上，勝利之道是建立這樣的制度讓成員能彼此協助，將彼此扛在肩上，使彼此更進步。

我這十年來的研究結論很明確。你可以成為超級巨星；你只是無法獨力成為超級巨星。你需要一個星系：一個由正向、可靠的影響力成就的星群，這些人能互相支持，增強彼此的力量，讓彼此更進步。

我們身邊的人不但很重要，而且非常重要。雖然我們無法選擇家庭成員，也無法挑選所有共事的人，但我們能有技巧地選擇那些圍繞在身邊的人，這些人能使我們經歷超級彈跳，而不是扯我們的後腿。在本章中你會學到如何有意識地打造你的關係以建構星群，讓你在其中能放出最大的光亮。要達成這個目標只需要三個關鍵步驟：

策略一：善用同儕壓力的正向力量。

策略二：透過多樣性來創造平衡。

策略三：創造互惠關係。

比爾・布萊森（Bill Bryson）在他精彩的《萬物簡史》（*The Short History of*

Nearly Everything）中開玩笑地說，你之所以能讀他的書只是因為你的祖先都成功地繁衍了。雖然技術上來說的確如此，但我認為其中有個必然因素：你能讀這本書是因為有人曾幫助你學習閱讀。

此外，你讀著這本書是因為有人啟發你繼續學習。因為有人讓你看見成功意味著什麼，而你希望效法。因為有人教你，告訴你可以發揮自己最大的潛能，然後幫助你取得達成這個目標必備的工具。

在今天這樣高度關係密切的世界裡，我們比以往任何時候都更需要這樣的人。這也是為什麼創造星系的第一步，是去找出能啟發並教導我們如何更進步地對人產生正面影響的人物。

策略一：善用同儕壓力的正向力量

我們現在知道個人特質受到圍繞在身邊的人所影響。這在工作場所來說更是如此，因為工作的性質越來越趨向合作，越來越多公司從關起門來的辦公室轉變為開放式的工作空間，從電話聯絡到視訊會議，從電子郵件到簡訊應用程式。

此外，在這個全年無休，一週七天，一天二十四小時都能連上社群媒體，收到各類近乎每秒更新動態消息的時代，我們接觸到他人能量（不論正面或負面）的機率也前所未有的高。我們吸收越多這樣的東西，我們的動力、積極性、工作表現，還有我們的大潛能就越會受到影響。

我們太擔心同儕壓力的負面影響，而經常把同儕壓力的正向力量忘得一乾二淨。這些負面同儕壓力，來自把悲觀傳染給我們的「有毒」同事、不斷給我們的孩子惹麻煩的同學，或是驅使我們安排負擔不起的度假行程的富朋友。

正如親近負面且缺乏積極性的人會耗損我們的精力和潛能，讓身邊圍繞正向、投入、積極和有創意的人，能使我們的正能量、積極性、動機和創造力成倍提高。在我與企業的合作過程中，我編寫了下面這個公式，用來強調這項策略核心的基本原則：

大潛能＝個人指標×（正面影響力－負面影響力）

這並不是指要透過結交成功人士來勝過別人，也不是要你身邊圍繞著看起來總是快樂又幸福的人。這些不是我所謂的「正向」。我說的是讓你身邊充斥有正向特質的人，這些人可以使你的潛能來個「超級彈跳」，而你也可以用同樣的方式回饋他們。當帶著負面影響力的人削弱你的能量時，正面積極的人卻能在你低落時提供能量，幫助你更有效地解決問題、應付挑戰、往你的目標邁進。比如，我聘請德州農工大學的神經科學家布蘭特・菲爾（Brent Furl）加入我的團隊，不只是因為他是個傑出的研究員，還因為我們可以一起打網球，討論關於靈性的問題。身邊有個每天靜坐兩小時又是運動健將的人，讓我更樂於靜坐和運動。這就是我們現在透過研究才開始了解的正向同儕壓力。

又比如，賓州大學的研究人員經由所設計的「傾瀉式指導」計畫，來為我們展示同儕的影響力如何發揮正向作用。在此類計畫裡，大學生傳授電腦技巧給高中生，高中生再接著傳授給國中生。在研究人員評量該計畫成果時，他們發現高中生單單只是觀察那些很酷的大學生如何掌握教材，就會渴望能像他們一樣；接下來，年齡稍長的高中生表現出的熱忱啟發了崇拜他們的國中生，而使得這些國中生想要更努力學習，而且還想學得更多。簡言之，那原來可能導致一個青少年開車莽撞、翹課或從事各種危險行為的社交影響力，可以被導向讓同一個青少年想學習的「正向同儕施壓」上。

在工作場合中，正向同儕壓力對公司的盈餘有利，因此有些公司要不徹底改變多年來大受歡迎的遠端辦公或是遠距工作政策，要不就大幅縮減這些政策。我猜本書許多讀者都是遠距工作，我也一樣。我每年一百場演講遍及世界各地，而且我是飛到客戶那裡去做研究，所以沒有自己的辦公室，除非你把我的機位看成我的辦公室。但有鑑於我們對大潛能的最新認識，我現在努力要結束遠距工作，而有許多巨頭公司如ＩＢＭ、雅虎、安泰保險金融集團和美國銀行也是如此。

以ＩＢＭ為例，他們從二〇一七年起就不再提供員工遠距工作的選擇。我覺得很有趣的是，這家公司當初不僅帶動了遠端辦公的潮流，還提供大眾許多遠端辦公必要的科技，但現在卻徹底改弦易轍。最初ＩＢＭ發現遠距工作能讓他們減少七千八百萬平方英尺的辦公空間，並因出售該空間而獲利十九億美元，他們曾大聲疾呼，支持遠距工作的概念。曾有一段時間，ＩＢＭ百分之四十的員工都能在家工作，或是遠距工作，甚至聲稱在家工作是個很棒的想法。但他們今天總結到，當有人圍繞在身邊時，人們會工作得更快、更有創意，而且更能彼此協作。這個決定並非微不足道。首先，辦公空間很花錢。其次，人們喜歡在家工作；也就是說，IBM這個決定有可能會導致人才流失，而替換這些員工是一項昂貴的開銷。

當傳統觀念認為在家工作可以延長工作時數（因為沒有上下班時間的限制），新的研究則發現，生產力些微的提高，無法跟我們從身處同一空間的同儕身上學到的創新性、創造力、社交關係、積極性以及對公司的忠誠相比。當谷歌被問到該公司有多少人遠端辦公時，他們的財務長回答：「越少越好。」在現在的世界裡，我們的限制因素不在於我們只能做到一定的工作量，而是在於我們嚴重缺乏有意義的連結。

此外，跟一群正面積極的人一起工作會讓你更感正向；而且蓋洛普調查還發現，正面積極的員工犯錯機率減少了百分之六十，意外降低百分之四十九，還有缺席率大幅下降至百分之六十七。更別提在他們身邊會讓人感覺更愉快，而這意味著每個人都想與他們共事，有生意上的往來，這些人包括同事、客戶，以及那些比較疏遠卻同樣重要的人際關係。

若正向和樂觀會「傳染」的話，那麼在生活中，讓你的身邊圍繞著正面的影響力也會有數不勝數的效益就不言而喻了。有一份關於樂觀男性的研究發現，這些男性不僅更享受他們個人的社交生活，他們的配偶在人際關係上也更快樂。樂觀的父母往往會教養出樂觀的子女，而這些孩子也因此對他們的同儕來說，會是很棒的正面影響力（社交感染力的作用在三歲的幼齡就開始了）。樂觀的人能更好地處理人際關係危機，他們是參與度更高、更會照顧子女的父母，而且他們的韌性也更強。一項針對墨西哥移民母親的研究發現，樂觀的態度是判斷她們初到美國處理經濟壓力能力的指標。當不好的事情發生，比如長期失業，有正面影響力的人有能力維持更高的生活滿意度。

有鑑於負面態度的感染力高，讓你身邊圍繞著樂觀的人就好比給自己打一劑流感疫苗，但這次對抗的是壓力和冷漠。因此，我們的首要任務就是在工作和生活中找到正面積極的人，幫助我們磨利工具、培養實力。吉姆・隆恩（Jim Rohn）是一位成就非凡的勵志作家，他辭世前將他的事業建立在如下的觀點上：「你是你花最多時間相處的五個人加總後的平均數。」誰是你花最多時間相處的五個人？現在很快地用文氏圖（Venn diagram）為你的人生畫三個圓圈：誰讓我一直感覺良好？誰給我力量？誰讓我期許更多？你列出的五個人當中誰可以同時歸於這三類人？這些人就是你的正面影響力。很有可能這些人不僅自我意識高、心胸開闊、富有同情心、活在當下、韌性強，而且樂觀。

有這麼一句名言來著：「快樂的老婆帶來快樂的生活。」（A happy wife is a happy life.）同樣地，快樂的生活還要有快樂的孩子、快樂的好朋

你讀的書，會決定你成為什麼樣的人

我在人生中某個階段是很內向的，所以當我搬到一個我還沒交到新朋友的新城市時，我會帶著我的正面影響力一起去：像是C. S. 路易斯、赫曼．赫塞、山德森（Brandon Sanderson）和羅斯弗斯（Patrick Rothfuss）。你的閱讀決定你成為什麼樣的人。研究發現，當你著迷於一本書時，你也許真的會不只是認同主角，還會開始呈現出他的性格與特點。比如你讀一本書，書中的主角有很強烈的社會良知，那麼你開始做些具有社會良知的事情的可能性就會提高。

當然，這樣的現象有個缺點。我從前很愛看《絕命毒師》（*Breaking Bad*）這類影集，但老實說，看完之後我覺得自己沒有先前好。我現在發現我不想進入頌揚負面特質的虛構世界，因為它們會對現實世界裡的我，在心情和自我形象上產生影響。我會深受那些讓我覺得自己更堅強、更聰明、更好的事物吸引，並遠離那些讓人動怒、幻想破滅或想去反擊的情況。

對於你放在手機裡隨身攜帶的音樂和播客也是一樣：那些經常透過你的耳機和喇叭不斷對你說話的人是否正面、樂觀、仁慈？當你身邊圍繞著更多正面的聲音，正向的改變就更容易持續甚至擴大。

友、快樂的辦公室同事，還要有快樂的老闆——雖然這幾個字眼無法整齊劃一地押韻[4]。關鍵就是要找到能引發你的優點而非你的壓力的人。

策略二：透過多樣性來創造平衡

我跟蜜雪兒結婚時，在亞馬遜官網上花了十五美元買婚戒；之後我又在亞馬遜上花了十五美元買我的替代婚戒。我提到這個是要讓你在心裡有個底，好來對比我戴在另一隻手上的戒指：我用我在夢幻足球聯盟遊戲上贏來的錢買的戒指，是我自己設計的，花了一百五十美元。上頭鑲著真正的「鑽石」，一邊印著「尚恩」，另一邊印著「天才」，戒指內面還刻著花體字。這個驚人的見證顯示我真是個討厭鬼，特別是它確確實實花了我十倍於婚戒的錢。

你們那些從未玩過夢幻足球的人，讓我來告訴你們一些基本常識吧。在招募隊員的時候，你的目標是要找齊各類球員來填滿你球隊中所有的位置：一個四分衛、幾個跑衛和外接員、一個近端鋒、一個開球員和幾個防守球員。這個組合反映了球類運動的現實狀況；一個由超級巨星四分衛組成的球隊連一個球賽都踢不了，更別說贏得球賽了。這就引導我們得到這個簡單卻又經常被忽視的原則：我們早已知道在球場上好比在人生中一樣，你無法獨力成為超級巨星。這個原則不僅適用於夢幻球賽，也同樣適用於你的正面影響網絡：你的團隊越多元、越多樣化就越好。

我們從演化理論裡得知物種生存的關鍵在於其多樣性。一個物種的遺傳組成越多樣化，他們在面對疾病或自然界其他不可抗力的因素時，韌性就越強。同理可證，你的社交支持網絡越多元，當人生投給你一顆旋球[5]時，你也會更堅韌。所以，我們必須花點時間來想想我們人際關係的「遺傳」組成。是否圍繞在你身邊的人都跟你很像，例如他們是來自同一種族，有著同樣的性別、政治理念、興趣和志向？如果是這樣的話，你就限制了自己的潛能和成長。

但多樣性不僅與年齡、性別或是你維持生計的方式等情況有關。在《哈佛商業評論》一篇很棒的研究中，艾莉森・雷諾茲（Alison Reynold）和大衛・路易斯（David Lewis）用一個測量「認知多樣性」的數學模型測試了六個團隊，以得知團隊成員想

4 譯注：wife 跟 life 押同韻，但是 child（孩子）、friend（朋友）、mate（同事）跟 boss（老闆）不與 life 押同韻。

5 譯注：意即當生活中出現突發狀況。

法的異同。比如有兩個人，他們可能來自完全不同的文化或在兩個完全不同的工作領域，但卻想法一致；或另外兩個人，他們可能在同一個城鎮成長，而且在同一個行業工作，但想法卻天差地別。研究結果顯示，團隊中的成員多樣性越高越好；多樣性最高的那些團隊績效得分最高，而多樣性最低的那兩組也確實在績效評量上沒有達標。

許多團隊和公司因為害怕造成人際關係的衝突和摩擦而不願追求多樣化。他們的假定是，彼此想法差異太大的人難以跟他人協同工作。另一項研究則發現，這些擔憂言過其實；將「外來者」帶進同質性很高的團隊，反而會使該團隊解決棘手問題的機會加倍，而腦力激盪正是因為這樣的關係而產生。正當人們認為協同合作為多樣化的團隊帶來更多挑戰時，研究人員的結論卻是引進認知多樣性反而會導致更好的結果，因為多樣性迫使人們跨出自己的舒適圈，而去考慮他們可能不會考慮或甚至不贊同的觀點和想法。

認知多樣性的研究總是讓我琢磨：如果我們在標準化測驗時是集體應考而非獨自應考，結果會怎麼樣？這些測驗包括大學入學的學術能力測驗（SAT）、法學院入學考試（LAST, Law School Admission Test）、美國研究生入學資格考試（GRE），或是研究所管理類入學測驗（GMAT）。當我跟別人提出這個建議時，大家馬上擔心智力較差的同伴會在集體應考時拉低他們的分數。（這個想法很有意思，因為從統計上來看，對至少百分之五十的應試者來說，另外的百分之五十其實會提高他們的分數。）但是因為大家的認知能力不同，如果你跟能彌補你技能的人配對，難道你不會表現得更好嗎？有些人會辯稱標準化測驗的意義就在於測量個人能力，但因為我們現在知道個人的考試成績完全不能與未來能否在大學或研究所獲得成功畫上等號，那何必浪費精神在個人化測驗上呢？難道跟一群人一起解決問題，不是更能代表拿著高學位在現實世界中所從事的大多數工作嗎？

你的人際生態系統越多元，它就越強大且越強韌。讓先前欠缺的影響力進入，就好比把狼群引進黃石公園，可以讓我們能更好地保護自己，抵禦威脅。此外，你的人際網絡越多元，你就越有可能籌劃機緣湊巧。在《幸運的配方》（*The Luck Factor*）一書中，理查・韋斯曼博士（Dr. Richard Wiseman）認為打開「幸運」的鑰匙，就是要為你的人際關係和日常規律創造多樣性，這樣你才能獲取新的想法和可能性。如果你的人際網絡裡有太多相似的人，意味著你關上了各式各樣的門，錯過了各種各樣的機會。比方說，如果你在工作上有十二個好朋友，而他們都從事會計，那麼你就永遠不會聽到行銷部門的職缺，不會受邀參與項目發展團隊的大提案。

但光建立一個多元背景的星系是不夠的；你還得在人生中選擇有助於你實現不同目標的人。要達到這個目標，我建議你尋找三類正面影響人物的組合：支柱、橋樑和擴增器（extender）。

一、**支柱，是那些你身處困境時堅定的靠山**。

這些人無論如何都會維護你，半夜抛開一切帶著冰淇淋來看你的忠誠死黨；在升遷時或在大客戶面前捍衛你的職場導師；或是在你過度勞累或掙扎喘息時接續你工作的隊友。在人生中你應該要有很多其他能督促你或因某些事情來向你求助的人，但你也需要有無條件支持和接受你的人。

二、**橋樑，是你在現有的人際生態系統外新的人脈與資源的連繫**。

這樣的橋樑人物可能是邀請你進入某個俱樂部、委員會或棒球聯盟的那些人，或者他們也可能介紹你認識有興趣資助你計畫的投資人。當那些人的關係和資源跟你的不完全重疊時，你就知道他們是你的橋樑。而且，作為橋樑的人不一定要有更高的地位，才能幫你連繫高潛能人士或是具有這樣的機會。

人們會犯的一個嚴重錯誤，就是在找尋新關係和新觀點時，太過於注重傳統的階級制度。我跟一個大盤商合作時，他們的資深主管正在為提高出貨倉庫的效率而絞盡腦汁，隨後我驚訝地發現，有些策略和消費者事務單位的主管從未去過倉庫。所以我建議他們去倉庫看看，而且，倉庫經理回饋給這些主管的創意點子數不勝數，讓他們能帶回公司總部進一步思考。一旦這些行政主管能超越正規的階級制度，肯定倉庫經理是對倉儲業務有獨到見解的專家，他們就更有能

真正能幫你找到工作的，其實是點頭之交

正如創意點子隨處可得，機會也不只是跟位居高位的人交往才能得到。

一九六〇年代，社會學家馬克・格蘭諾維特（Mark Granovetter）根據他在成功尋獲工作的管道方面寫了一篇研究論文。他發現人們不是透過好朋友找到工作；實際上是點頭之交幫他們找到了工作。在你的社交網絡中增加幾個弱連結，而不論這些連結的地位如何，他們都會提高你將機會轉化為現實的可能性。

力來解決公司面對的複雜物流問題。

三、**擴增器，是將你推出舒適圈的正面影響力**。

擴增器這種人可能是位導師或朋友，他們有著跟你迥異的技能或性格。比如我比較害羞又內向，所以我需要外向的朋友來幫我安排社交活動，帶我嘗試新的經驗。而我又傾向同時做好幾件事情，進行多項計畫，所以我就需要比較專心又注意細節的朋友，在我為達目標而不計後果時讓我放慢腳步。

我們經常發現自己容易受到同類人的吸引，然而這樣會形成一言堂，不但限制我們接觸新點子和新觀念的機會，也妨礙了我們獲得全新且不同於以往的經驗。比如，只跟醫界人士來往的醫生，可能永遠不會踏出自己的舒適圈去上藝術或烹飪課；只跟同為運動迷泡在一起的運動迷，可能永遠不會踏出自己的舒適圈去欣賞交響樂。研究顯示，充分利用多樣性而得以受益，有賴於擁抱他人的差異性，特別是當人這樣做時會感到不舒服或覺得受威脅。

領導力的關鍵不是策劃和布局的能力，而是「人」。當吉姆・柯林斯（Jim

Collins）和他的研究團隊研究傑出企業領袖時，他們以為挑選出的這些從「優秀到卓越」[6]的領導人，其扭轉乾坤的能力來自於眼光和策略。結果發現，這些領導人「首先關注人，然後才關注策略」。作為一個領導人，你的表現和團隊成員的表現息息相關；你的團隊越多樣化越好。

所以就從今天起，在接下來的一個星期裡，特別注意去跟以往在自己的小世界裡不會閒聊的人說說話，無論是說句簡單的「你好嗎？」或是來個午餐約會或喝喝咖啡都好。試著花時間去認識會將你推出舒適圈的人。這人可能是你工作團隊裡的某位女性同事，她總是會有一些古怪但「瘋狂得可以，所以能奏效」的點子，可能是政治理念和你大相逕庭的親戚，或是也可能是有獨特背景和人生經驗的年長鄰居。每個人都有值得我們學習的地方，只要我們能學會認真傾聽，並與他們產生連結。

最後，試著幫助你人際生態系統裡的人也去跟別人連結。根據隨機網絡理論表

6 譯注：意指吉姆．柯林斯的著作《從A到A⁺：向上提升或向下沉淪？企業從優秀到卓越的奧祕》"*Good to Great*"的中心思想。

明，「當我們網絡裡每個節點的平均連結增加到一個關鍵值時，那些遺漏在這巨型聚落外的節點數就會大幅減少。」也就是說，當我們在人際網絡中加進更多連結，我們就越難找到孤立的節點。每次我們幫助身邊的人提高他們生命中連結的廣度和多樣性，即使只是多認識一個人，我們就大幅強化了整個系統。你的節點越多，某人被忽略的機會就越小，你面臨困境時也就會越強韌。生物多樣性是我們人際關係的命脈；你的人際網絡越強且越多元，你就會有越多支持力量助你實現大潛能。

策略三：創造互惠關係

先前我講到我患憂鬱症時有多麼需要卸下心防，真心接納別人。單向的人際關係無法長期給你能量上的「超級彈跳」，讓你得以發展和維持潛能。「單向朋友」指的就是只想告訴你自己人際關係上所有的麻煩或是工作上的挫折，但當你需要他們時，他們卻不感興趣或總是避之唯恐不及。你要在揭露真實的自我和傾聽他人心事之間取得平衡。

最好的人際關係是建立在互惠的基礎上，這是建立良好星系的最終關鍵。我們只有在需要時會禁不住向我們人際網絡裡的人伸手求援，但若要從人際關係中獲得最大的益處，我們應該要習慣伸出援手，幫助別人。正如維吉尼亞大學教授羅伯特・克羅斯（Robert Cross）所發現的：「互惠的關係也會更有成效；最成功的領導人總是設法為他們的人脈提供更多。」亞當・格蘭特的著作《給予》是我們學習如何助人以自助的最佳入門。書中寫道：「當接受者得勝時，經常就會有人失敗。研究顯示，人們傾向羨慕成功的接受者，而且會設法將他們擊倒，讓他們落入下一個等級。相反地，當施予者得勝時，人們會給予聲援與支持，而不是伺機攻擊。施予者的成功之道在於創造漣漪效應，提高周圍人群的成就。」

人際關係越能彼此互惠，對我們的快樂程度、積極性和創造力的影響越大。在一個研究中，研究人員評量了真／假朋友對我們的幸福安康和快樂的影響。當兩人互稱朋友時，這樣的關係即被認為是「互惠的友情」，但若只有一方稱對方是朋友，那麼這種關係就被委婉地稱為「認定的友情」。研究人員發現，當某人附近一位「互惠的朋友」感到快樂時，這個人也快樂的可能性提高百分之六十三。然而當附近一位「認定的朋友」快樂時，那個人只有百分之十二快樂的機會。在我看來，「認定的友情」

確有其令人傷心之處。

互惠關係同時也能促進心理安全，這項特點在亞里斯多德計畫中被總結為團隊成功的主要因素，且其重要性更勝於如創造力、毅力和聰明才智等個人特質。哈佛商學院教授艾米・艾德蒙森（Amy Edmonson）將心理安全定義為「團隊成員共同秉持的信念，即團隊在成員間相互承擔風險下感到安全。」當團隊的關係是條雙向道，這樣的團隊就會注入艾德蒙森所描述的「一種信任感，相信團隊不會因為任何隊員直抒胸臆而羞辱、排斥或處罰他（她）。」具有信任與互敬的氛圍，讓每個身在其中的成員都能自在地做自己，這是任何致力於開發大潛能的團隊必備的關鍵元素。

這個策略只有一個陷阱要注意，那就是：合作超載。在我們追求大潛能時很容易忍不住想努力累積更多關係。但若那些關係是雙向道，也就是說，我們投入於關係的心力等同於取之於關係的，就會有過度擴展的危險。研究顯示，單單只是交遊廣闊的人會有傑出表現的可能性較低，因為他們讓自己的精力和時間四處分散而變得淺薄。這對高成就人士來說更是如此，就是因為你變得更成功，就有更多人會找上門來。

亞當・格蘭特最近跟羅伯特・克羅斯和瑞伯・瑞伯爾（Reb Rebele）為《哈佛商

業評論》共同撰寫了一篇發人深省的文章，他們發現在一個樣本超過三百個機構的研究中，高達三分之一具有附加價值的合作案，來自於團隊中百分之三到五的個人。這是合理的，因為一旦某人因善於與人合作而出名時，大家都會想跟他們合作。這麼搶手可能看似好事一樁，但實際上研究人員發現，當一個人有百分之二十五或以上的同事需要自己的時間配合時，他的工作滿意度和快樂程度就會暴跌。文中寫道：「我們發現，一旦尋求（與優秀協作者）合作機會的人數比例超出約百分之二十五時，個人和團體的表現會同時受到阻礙，因而成為員工主動離職的強力指標。」

我自己就有這種經驗。我過去經常會接受每一場演講的邀約，接每一通捎來「潛在合作關係」的電話，還簽約接受每一項研究提案，而且我熱愛所有與人合作的機會。然後突然間，我感到自己到了過度承諾的臨界點，以至於有一天連早上都還沒過完，我就辜負了好幾個人的期望。我喜歡讓別人高興，所以這種情況讓我覺得很痛苦。就在我們追求大潛能時，我們需要限制自己，試著別想事事取悅所有人，而且要策略性地思考該和哪些人建立關係，以免讓自己陷入「協作超載」的情況。

我有一個老學生兼好友曾競選哈佛學生會會長。他的謙虛和幽默讓他大受歡迎，但他參與太多提升校園的合作案而變得過度自我擴展，成績和學業開始退步。當他越是落後，就把作業的完成期限越往學期末推遲，而使得他落後更多。最後他自救的方法正是我對抗憂鬱症所用的方法：他讓別人知道他的情況。一旦他向教授坦白，向他們說明他的掙扎，教授都表示同情和諒解而給他很多時間去彌補。我們太常為了要成為超級巨星而把自己搞得筋疲力竭，但堅實的人際關係能讓我們獲得同樣的成功，卻不必付出孤單、疏離和身心俱疲的代價。

我們都需要與人產生連結

我的偶像作家兼知識分子是C・S・路易斯，他具有超常的能力，不但可以跟牛津大學的教授進行複雜的神學對話，同時還在他的小說中將同樣的神學概念讓一個六歲的孩子看懂。

我喜歡路易斯所有的創作，他的作品中對我寫作影響最大的是《夢幻巴士》。這是一本小說，描寫死後住在煉獄的人；或是如他所說的，是住在灰暗之城。起初，灰暗之城的人都住得很近，但當社區中種種挑戰和鬥爭出現，人們便開始搬到遠處，建造新家。一旦人們覺得新家離那吵雜的鄰居、「負面」的朋友，或那個上週沒有回他們電話的人太近，他們就會再搬得更遠一點。接著，搬得越來越遠。很快地，一個微不足道的分歧或是他們以為的輕慢，又導致他們彼此搬離得更遠、更遠。因此，天堂的人將灰暗之城視為一種地獄，在那裡人們經歷到的只有黑暗、疏遠、懷疑和孤寂。我認為這個看待地獄的觀點很恰當。

我曾有個朋友，她經常說喜歡跟我說話，因為我很正向。一開始我覺得很榮幸，後來我跟她越熟，我就發現她似乎總有許多關於職場上負面、背後毀謗、八卦或惡毒的故事，比如關於故意避開她的服務生，從不尊重她的懶惰前男友，或是嫉妒她的朋友。我們曾一起旅行，在途中她跟機上一位男士發生口角，那人在我們落地後就不讓她出座位；她也因為旅遊代辦無法幫我們改航班，認為他粗魯而生氣；她還撥電話給飯店經理，告訴他走廊上的女服務員有多吵。把這些事分開來看，她會對每件事生氣似乎很正常，可以理解。但當這些事加在一起，我們可以清楚地看到她把負面的小事弄成大事，而忽略該關係或情況中正面因素的模式。結果是，她跟同事、朋友、愛人和家人都變得疏遠。她不僅逐漸破壞她的社交生態系統，也開始建造自己的個人地獄。

我用「地獄」這個詞是因為它饒富深意，也因為歷經兩年的憂鬱症之後，我知道當人感到非常孤獨、與世隔絕的時候有多痛苦。憂鬱症就是灰暗之城。而諷刺的是，離開灰暗之城最好的車票正是我們推開的東西，那就是社交關係。

我們認識的每個人都有缺點，都不完美，而且如果你要找會讓你感到失望、疏離或沮喪的理由，那並不困難。對我來說，憂鬱症是我在身心、情感和精神上都與人脫節的症狀。即使是歐普拉，雖然她在物質生活上比任何人都更富裕，卻也免除不了憂鬱症的痛苦，也曾短暫陷入人生毫無意義的陰影中。當這樣的情況出現，我們都更需要身邊的人陪伴。正如海倫・舒曼（Helen Schucman）被收錄於《奇蹟課程》（*A Course in Miracles*）一書中的文字所言：「你的任務不是去尋找愛，而是去尋找並發現你在自己心中因對抗愛而建構的障礙。」

每個人都需要偶爾獨處的時刻，但除非我們與他人連結，否則無法得到真正的意義、成功和快樂。大濬能提醒我們，只有讓我們身邊圍繞著其他的明星，我們才能真正地發光發亮。

第四章

拓展你的力量：無論你在什麼位置，都能發揮領導力

人人都能救人一命

二〇一六年十二月一個濕冷的早晨，我無奈地行駛在北加州的荒野中。在牛群開始取代星巴克時，我更頻繁地查詢谷歌地圖；我實在很疑惑，我們怎麼會冒這樣的險離城市這麼遠。接下來，我的手機斷訊，車子最後在一個老舊的碾磨場前停了下來。

過去具備不同功能的建築物和場地現已搖身一變，成了開辦如婚禮和聚會這樣既溫馨又開心的活動的場所，這讓我大感驚異。這個變身大改造對我來此地的原因似具象徵意義：我來這裡是為了了解凱撒保險公司推出的一個新方案，該方案將接待人員和其他後勤人員，變身為救人性命的醫療人員。在我們見面之前，該方案已經拯救了四百七十一條性命。

在那裡，我很榮幸跟凱撒醫療集團的桑傑・馬爾瓦哈醫生（Dr. Sanjay Marwaha）和莫妮卡・艾茲費多（Monica Azevedo）會面，聽他們介紹這個名為「救人一命」的方案。這項方案的方法既簡單易懂又創新性十足：即授權給醫院所有員工——甚至是沒有受過醫護訓練的人——來提供醫療服務。我知道你會想：「這樣做，就等著打醫療疏失的官司吧！」但先聽我說完。

在一個僅具小潛力的機構，大家對於誰有能力領導改革有非常明顯的心理區隔[1]。層層官僚系統阻礙了這些機構的發展，使它們用錯誤的二元對立來區分誰有權決策、創新並採取行動，而誰又該被動地盲目跟從。以醫療產業為例，人們太容易將醫師和護理師視為「醫療人員」，而將行政人員和接待人員視為「後勤人員」。乍看之下，這樣的區分在醫院的職務分工上非常具有邏輯。但接下來我們會看到這一類思維限制了我們善用大潛能的能力。

假設你耳朵痛，你去找你的家庭（或主治）醫生。你在診療室等了半小時後他急急忙忙走進診間，匆匆朝你耳朵裡瞄了一眼，然後幫你轉診去看耳鼻喉專科。你約了診去看耳朵，填了一大堆關於耳朵的資料，醫生問你耳朵怎麼了，然後你去櫃台接待人員那裡支付檢查耳朵的費用。這一切看來都稀鬆平常，因為你耳朵有問題。

但如果實際上你耳朵痛是因為你焦慮而失眠，因此造成免疫系統功能減弱而感染病毒所引起的呢？畢竟你是一個全身各部位環環相扣的有機體，任何時候都有可能因為大腦和體內出現其他各種因素而導致你耳朵痛。但因為你的耳鼻喉科醫師專看耳朵，他或許沒想到要問你心情和睡眠狀況如何，因而找不到你耳朵痛的根本原因。在一個醫療人員技術越來越專精、分科越來越細的世界裡，凱撒的團隊想知道：我們該如何退一步考量，才能看清醫療服務的全貌呢？

他們得到的答案很簡單：他們要把那個管理全球大多數醫院的錯誤二元對立倒轉過來，授權給那些「醫療人員」傳統角色外的人員去處理健康問題，因為這些問題很可能在一個高度官僚的組織中被忽略掉。凱撒的團隊知道改善健康狀況最有效、卻也是最未受到充分利用的手段是預防醫學，他們便決定邀請並訓練接待人員去設法提高使用預防醫學的病患人數。

1　譯注：mental compartments，指人們往往將連續性的事物按照一定的表面特徵分割成不同的區間。

因此，不論你因為什麼原因打電話預約門診，即使是因為耳朵痛，客服中心人員都會先問你是否還有逾時未做的預防性檢測（如：乳房攝影檢查、子宮頸癌篩檢或是大腸癌篩檢），然後問你是否要預約檢查。這個方案美妙之處就在於凱撒授權給任何監督、提供和安排醫療服務的人員（不論他們是否有醫學院學位），來為集團改善病人的健康這個中心目標盡一份心力。

這個方案的確奏效了。若是病人同意約時間做檢查，然後某類致命的癌症及時被偵測出來且得到治療，這就被視為拯救了一條性命。凱撒醫療集團的追蹤結果發現，自從這項新方案推出後，在他們醫院診斷出乳癌的一千一百七十九位女性中有高達百分之四十的人，透過「救人一命」方案接受了非醫療人員的建議，預約做了乳房攝影檢查。即使只救了一條性命，這個方案也很值得。有高達四百七十一條性命被救了回來，那是更革命性的改變。

如果我問你，在醫院的員工當中，你認為哪些人是最偉大的英雄？你大概不會認為是接待人員，那是一群從未踏進手術室，不抽血、不判讀X光片，或甚至不會跟病人面對面接觸的人。他們通常坐在客服中心的椅子上，身邊圍著辦公室隔間的隔板；

也就是說，為了說服病人來醫院做檢查，他們必須依賴情感的連繫、數據和說故事的方式，而這一切全都在電話中進行。有效達成這項任務的必要條件，是他們相信自己能造成影響力：有能力說「我救了一條性命」。

這項方案之所以成功的最終關鍵，在於它讓任何人都能當領導人，而不受職稱、學歷或年資的限制。換句話說，他們創造了一個制度，讓大家都能從自己的職位上展現領導力。

不論你在哪一個領域或做哪一類工作，相信「自己無論處在什麼職位都能領導別人」，會使你造成影響的潛能加倍。相信自己必須擁有「正式」的領導地位，才有力量造成改變的人，只能得到小潛力。但當制度中的每一個人，不論其是否有正式的職務又或職位為何，都分擔創造改變的任務，那麼他們能獲致的成就幾乎可說是毫不受限。我們要想成就大潛能，就需要讓自己擺脫標籤的箝制。

太多人認為領導統御是一項個人競技，亦即需要獨自扛起的重擔。然而，嘗試獨自承擔所有的領導責任，是最快走向職業倦怠的路。如果你是醫院病房的管理人，而且認為自己該對每位病人的病情負起責任，你可能會感到悲憫疲憊（compassion fatigue）。同樣地，你若身為銷售經理或財務長而認為公司給股東多少收益是你個人的責任，你就會被巨大的重擔壓垮。你若是為人父母而認為自己必須為青少年子女的未來做所有的決定，那你就會製造大量且毫無幫助的緊張關係。高潛能領導人常聽到這樣的話：「你若想把工作做好，就得親自動手。」這種說法非但錯誤，而且還為你的成就設限。你的時間和精力有限，然而別人對它們的需求卻是無限。你根本無法滿足那些需求，除非你把責任和領導工作分派到每一個跟公司使命有利害關係的人身上。

在上一章裡，你知道了如何透過讓自己身邊圍繞著高潛能人士，來創造並增強你的潛能生態系統，接下來你會學到如何擴展你對領導力和擁有權的定義，因而無論自己身處什麼位置都能發揮領導力，並同時藉由授予他人自主權而增大自己的力量和影響力。

透過以下兩個故事及我的研究，我會告訴你們人人都能用來擴展人生和工作潛能的步驟：這兩個故事分別關於愛荷華州一所失敗的工廠式學校，和一個價值一百七十億美元的科技公司所開展的新實驗，而我的部分則是跟世界各地的公司和學校所進行的研究。

一切都始於學習擴展力量這條極其重要的規則：要讓力量得以擴展，它必須受到肯定、渴求和強化。

正向改革的漣漪效應

二〇一〇年，當喬爾・佩德森（Joel Pedersen）尋找他第一份擔任教育局長的工作時，主教學區給了他這份工作。主教學區惡名遠播，它位在愛荷華州九十九個縣裡最窮的那一縣，而且在歐巴馬政府的學校排名中，被列入全國最末段的百分之十內。

喬爾的至親好友都告訴他別接這份工作。他們說這個學區環境惡劣，沒救了，他肯定會筋疲力竭，而且甚至在他開始管理學區前就會對自己選擇的前途感到美夢破滅。但喬爾是個樂觀派，而且他不認為傳言中關於主教學區的看法是正確的。他相信只要有一個人能讓人際生態系統中的每個人，都相信自己有力量創造有意義的改變，這個人就能提高整個系統和系統裡每個成員的潛能和表現。

他接受了那份教育局長的工作。同年，喬爾在逛邦諾書店時注意到一本書，那本書有著討人厭的橘色封面。那是我的書。他開始讀著《哈佛最受歡迎的快樂工作學》，書中的內容肯定了他想在主教學區採行的策略，他便立刻著手執行他身為教育局長的正面改革。

喬爾知道為了提升他的領導潛能，他需要所有他能得到的協助。所以他做的第一件事，就是找出他身邊需要的人——社區裡具有正面影響力的人物。他找出那些積極投入並仍相信教育力量的教師，他給這些領導人升遷，讓他們在各個重要的校務委員會裡擔任主管，然後藉由他們的協助，著手改變整個學區生態系統裡的心態和想法。

當大多數人想到學校裡哪些人握有權力時，通常只想到老師、校長和教育局長。但當喬爾想著誰是主教學區的有力人士時，他的名單上不僅有老師和行政單位，還包括了自助餐廳員工、圖書館員、門房和導護人員。大多數學校偶爾會為教師和高層行政人員開辦訓練班，但這樣的領導人訓練課程幾乎從未延伸至其他同樣重要的員工：比如面對學生的校車司機、負責維修工作的工友和校長辦公室的接待人員。他必須授予領導力給擔任這些職務的人；但他知道，首先他必須幫助他們看到「自己是領導人」這件事。

所以他向學區裡所有的工作人員鼓吹他的理念，告訴這些人不論他們的正式職務、工作職責或是薪資等級為何，他們每一個人都能對學校的文化和學生的未來造成巨大的影響。接著他把這些話訴諸行動。他鼓勵校車司機親自給搭車的每個學生寫短信，為他們的每一天注入光明和希望；他邀請代課老師參加教師培訓；還開立工作坊，傳授午餐服務人員正面積極的好處。簡言之，他著手授權給他星系中的每一個人，讓他們成為超級巨星。

學區的變化已經開始起作用，但喬爾知道為了維護並保持原初的動力，他必須讓人們完全接受這樣的文化轉變。就在這時，一張再次用討人厭的橘色印製的傳單引起了喬爾的注意。那是教育局長協會公共工作坊的廣告單，內容是關於正向心理學和我寫的一個叫作《橘色青蛙》（*The Orange Frog*）的寓言故事。

這個故事起初是我在澳洲返美的長途飛行中，純粹為了好玩而寫的一本童書。許多家長曾寫信去我公司的網站，說他們希望在孩子能讀懂充滿科學研究的專書前，能盡早有辦法讓他們接觸到《哈佛最受歡迎的快樂工作學》中的概念。我寫這本書的目標是編造一個讓孩子覺得好玩又易讀的故事，內容則是關於主角害怕正面心態會使他與眾不同，但最終發現做個樂觀派好處多多。

這本書是關於一隻叫作史巴克（Spark）[2]的青蛙，牠住在一個全是綠色青蛙的島上；史巴克是個棄兒，因為牠身上有個橘色的斑點。除了牠身上與眾不同的顏色之外，史巴克是個身邊圍繞著悲觀派的樂觀派，而且當史巴克越是向其他青蛙傳播牠的正面信息，牠的橘色斑點就變得越大，使得島上的蛙群更排斥牠。在全書的敘述中，牠身上的橘色不僅有利於保護牠免受自然生態系統中掠食者的威脅（如蒼鷺），它還具有感染力，於是牠開始設法讓其他的青蛙也變成橘色。當然，這個寓言故事的目的是要說明一個獨自正向積極的人，如何能最終創造正向的漣漪效應而感染身邊的人。

喬爾很快察覺到他想在主教學區創造同樣的漣漪效應，而這樣的效應會感染在學校裡工作所有的「綠色青蛙」，相信自己是領導人，而且相信他們自己都有力量幫助那些苦苦掙扎的學生，充分發揮最高的潛能。因此喬爾採用《橘色青蛙》的故事作為工作坊的基調，藉此集結主教學區的所有人。

於是，主教學區出現了美好的漣漪效應。不僅校車司機、教師和午餐服務人員都在讀這本書，不久他們還採用了我們製作的《橘色青蛙》繪本，因而所有課堂上的學生也都能讀到。學生還成立了「隨手行善」社團，踏出自己的小世界，為需要激勵的同學付出關心，因而很快開始看到自己能主導周遭的改變。全校員工跟學生一樣開始練習感恩、調解和寫日記，不論他們的職位是師長、門房、自助餐廳員工或是教室裡的學生，也不論他們是否擁有高學歷或只有高中文憑，這些橘色青蛙成了真正的「改革特工」。（你可以在shawnachor.com上觀看主教學區令人驚喜的影片，在影片裡你會看到過去漠不關心的教師四處奔走，讓學校的面貌煥然一新，從代表警戒的紅色變成快活、鮮明的橘色。）

我跟全國各地的學校合作，有許多學校都有著教師改變學生生命這樣鼓舞人心的故事。然而主教學區之所以與眾不同是因為他們有數據，能將人們從各自的職位領導所產生的影響力確實量化。從二〇一二年起，主教高中的大學測驗（ACT）平均成績在僅僅五年的時間裡從十七增加到二十一！而且在二〇一六年，主教高中自豪地公布畢業率高達百分之九十二；這對任何學校來說都是令人印象深刻的成就。喬爾本身

2　譯注：spark原意為「火花」，在此具有象徵意義。

是個超級巨星教育家，但他不把改革的重擔扛在自己肩上，而將它擴展到整個星系，讓星系無止境地發光發亮，更勝於他獨自一人散發光芒。

由於喬爾跟他的團隊所實行的變革，主教高中的註冊人數在幾十年裡首度提高。有些父母本來有能力送孩子去最有錢的學區就讀，但卻選了這個最窮縣城裡的學校，因為他們相信學校會為他們的孩子提供更好的教育。最後，縣政府決定通過一項五千三百萬美元的合約來更進一步投資縣內學校的正面動能。

而今，主教學區的成功已被複製於愛荷華州、亞利桑那州、威斯康辛州、密西根州、肯塔基州和伊利諾州的學校裡。比如在伊利諾州，史翁伯格54學區，已經在該州的能力測驗成績上名列前茅。但教育局長安迪・杜羅斯（Andy DuRoss）相信如果他們能讓整個生態系統都在同樣的正面頻率上運作，將可以開發學生更多的潛能。於是在四月份，他和校長阿曼達・思妥克爾（Amanda Stochl）將《橘色青蛙》的研究推廣至林肯草原小學的教職員及全體學生。他們發現經過短短二十一天，百分之九十一的學生覺得在學校時比以前更快樂，百分之七十的學生感到放學後比以前更快樂，百分之八十五的學生相信他們仍可繼續學習變得更快樂。同時，高達百分之九十六點三的教職員在三週的研習旅程結束後，感到更加正面積極。

在本章你會學到如何透過以下四種基本策略來實現同樣的目標：

策略一：看見自己的領導力。

策略二：用熱情影響更多人。

策略三：提供實質的獎勵。

策略四：找尋工作的真義。

策略一：看見自己的領導力

波士頓愛樂管弦樂團指揮班傑明．桑德（Benjamin Zander）曾多次被提名葛萊美獎，也曾在TED上給過一個關於音樂和熱誠的演說。他說到有位大提琴家，因為自己坐在大提琴部第十一個席次而感到沮喪。她關注的焦點，不在她身為全球最優秀且最著名的管弦樂團的成員這個事實，而是在她前面還有十個席次上的人。儘管她必定擁有能加入此一菁英組織的出色天分，但她感到自己只是大車輪上的一個小齒輪。

桑德感受到她脫節的情緒，便決定徵詢她的想法，問她在下週樂團要演出的一首交響曲中一段極具挑戰性的樂章該如何指揮。對方謹慎地提供了意見，桑德也在下週演出時按她的建議指揮該曲目，結果佳評如潮。就如桑德所述：「從那時起，這位坐在第十一個席次的大提琴家演奏時猶如脫胎換骨。」為什麼呢？桑德在演說中轉述那位大提琴家所言，即使她身處交響樂團組織體系的最底層，坐在卑微的第十一個席次，但她從那次起開始覺得自己是個領導人了。

我之所以喜歡這個關於潛能的故事，是因為那第十一席次的大提琴家，不僅將自己的表演水平提升到新的高峰，連整個樂團也隨之提升了。這樣的和諧一致是大潛能的目標。為了達成這個目標，我們必須授權給大家去領導，不論他們是在哪個位置。

勤業眾信管理顧問公司（Deloitte）在二〇一四年的全球人力資本趨勢調查中發現，當今企業面臨最關鍵的一個問題是對「各階層領導人」的需求，有百分之八十六的受訪者將此需求評為「迫切」或是「重要」。在檢視這些調查結果的一份論文中，勤業眾信的領導人寫道，培養每個階層的領導人「仍是全球各組織面臨的頭號人才問題」。然而，只有百分之十三的受訪者認為自己在培訓各階層領導人方面做得很好，顯示了這方面準備度的巨大落差，且預示了若我們不盡快授權給每個人去採取行動，進而去領導——不論位階、年齡和職稱——未來將會黯淡無光。

潛能的老舊定義（即小潛力）認為：除非你位高權重，否則你無法改變他人，你也無法改變組織文化。但即使這個迷思仍廣受企業界和教育團體認同（二〇一六年《哈佛商業評論》的某期封面文案還寫著：「你無法修補組織文化」），但事實上這樣的改變是可能的。

拿出你的影響力

在凱撒醫療集團，接待人員僅僅藉由詢問病人是否要安排乳房攝影檢查，就能救助病人免於罹患致命的癌症。同樣地，你也必須先肯定自己無論身在何處都能發揮作用。

假使你是坐在第十一席次的大提琴家，你仍以向你的指揮提出提升樂團整體表演水平的建議。假使你是個學生，你可以改善或破壞整個教室的氣氛。假使你是個中階主管，你可以藉由創造一個支持而非壓力的文化來改變部屬下班後對待子女的態度。假使你是個「卑微的」實習生或助理，你可以提前一天將文件電郵給參與會議的每位客戶，來幫老闆安排一個更有效率的客戶會議。

相信自己無論坐在什麼位置都能造成影響，是你提高潛能上限的第一步。

策略二：用熱情影響更多人

一九九八年，全國及社區服務總會，即管理美國志願隊和其他服務計畫的政府單位，看見了一個擴展影響力的大好機會。他們需要找到來吸引青少年參與社區志願服務的方法。

我妹妹艾美．布蘭克森當時還在念高中，而她對這項運動滿懷熱情。所以當她得知有一場針對這項議題的會議即將到來時立刻前去登記。讓她驚訝的是，她收到一封短信，說這個會議只開放給成年人。但艾美非但沒有因為遭到拒絕而喪失信心或感到無助，反而寄了一封信給全國及社區服務總會的董事會，信中慷慨激昂地要說服他們，如果他們希望青少年參與志願服務，那麼他們也需要授權給青少年去擔任領導人。當董事會發現有位青少年被拒之於青少年志工服務會議的門外時都嚇壞了，他們趕緊改變政策。那年艾美成為全國及社區服務總會董事會首位青少年成員，而她在德州中部組織的一個青年高峰會議上，更有眾多高中學生承諾要投入十二萬個小時於當地的慈善機構和非營利組織。

正如你不需要位居正式的領導職位才能發揮領導力一樣，你也不需要位居正式的領導職位才能給予別人去授權和啟發的能力。畢竟如果一個滿懷熱情的高中生，都可以啟發其他數百位青少年，透過志願服務在各自的社區裡領導而造成改變，難道我們不是也能發揮自身的力量，在各自的社區和公司裡去帶頭領導嗎？

關鍵就在於要為你激勵人心的演說先鋪路。這就像是典型的「電梯簡報」（elevator pitch），只不過你不必將你的行銷簡報縮短，以便在一趟電梯上下的時間內完成：一個激勵人心的演說，能讓你快速說服他人成為改變的正面力量。激勵人心的演說美妙之處，不僅在於它能動員人們在各自的職位上領導，還在於它能來自每一個職位。但無論你處於何種職位，說服別人產生改變的想法是很困難的；人類畢竟是慣性動物，而會對新的感覺、不一樣的想法產生抗拒。那也是為什麼一個激勵人心的演說不是當下的即興創作，而需要你花時間精雕細琢，仔細籌謀。比如當凱撒醫療集團的資深領導階層必須說服接待人員擴展對自身潛能的觀點，而以醫療人員來看待自己時，在他們準備好對全公司公布健康問題如何息息相關的訊息前，他們花了好幾個星期修改講稿。

在你一開始撰稿就要知道你演說對象在意的是什麼。比如你的對象是一群銷售主管，你知道他們在意的是收入和達成銷售目標。若你想啟發他們去擁抱一個更包容的領導風格，你或許可以讓他們看一項研究或一個範例，用以說明他們的銷售額如何跟主管對待後勤人員的方式、以及花在指導團隊裡資淺銷售人員的時間直接相關。或是，如果你的目標是幫助你外向的青少年子女更有動力去申請大學，你或許可以告訴他校園裡所有關於交友的社團、活動和機會（也就是指——派對）。這背後的思路是當你幫助人們看見他們為什麼應該要這樣的改變時，那就能引發他們對於所有權的意識，將漠不關心和惰性轉化為潛能。

毫無疑問地，無法鼓勵公司裡位居各種職位的員工發揮積極性和領導力，對業務成果會

學習「當責」，從停止抱怨、解決問題開始

我媽媽曾在高中擔任英文老師二十多年，她以前總會提到她任教的公立學校制度裡缺乏所有權的情況如何扼殺潛能。每當有問題發生或預算出現差額，學校管理階層就會怪罪政府，而不是主動去設法解決。若是學生在學習上沒有持續進步，老師就會怪罪家長。那若是學生不快樂呢？很自然的，他們就會怪罪老師。冷漠和責備好比病毒似地散播，結果每個人的無力感就越來越強。

真正的領導力是出於足夠的關心而去設法解決問題，而不是不停地將責備轉嫁給別人。

有直接的影響。在蓋洛普二〇一三年的《全球職場環境調查》報告中，發現全球百分之六十三的員工感到自己不具職權，而且跟工作脫節；另外還有百分之二十四的員工主動選擇「進入放棄狀態」。根據該報告，這些員工不僅毫無工作效能，還經常將他們負面和脫節的心態散播給他人。光是在美國，不敬業的代價據估每年超過五千億美元，這是一個讓人無法等閒視之的數字。或許老闆會忍不住想要將這些毫無生氣的員工註銷（或解雇），但事實上這樣做只是短期的權宜之計。組織長期的成功有賴於能將這些主動選擇不融入工作的員工引導至正面的方向，而不是把他們掃地出門。

在一項貝恩公司的量化影響研究中，麥克・曼金斯（Michael Mankins）和大衛・哈定（David Harding）發現，員工的積極性對企業成果有顯著的影響。他們寫道，一旦公司能「更有效地吸引、調度和領導人才，也就是充分利用這些人才為公司帶來的獨特技術和能力」，他們在生產力和營業利潤上將享有高於產業平均值百分之三十到五十的巨大獲益。由於這些公司「深具啟發的領導力和使命導向的文化」，因此能「啟動公司員工更多的自主能量」。

幾年前我受邀到全國人壽保險公司演講。我得知他們的執行長在那段時間裡正運用上述激勵人心演說的方式，希望能啟發公司從資深管理階層到新進員工共三萬五千名員工，接受他試圖在全公司推廣的全面文化變革。其中有一個方法，是從公司外部引進一流的合夥人來負責所有的訓練，而這項任務一般要花費數百萬美元。但執行長湯姆．威爾森（Tom Wilson）明白，強迫人們被動地參加公司的訓練課程不是傳授所有權最好的方法。反之，他想發動一個擁護正向改變的軍團。所以他跟他的團隊打算創造一個「每個職位皆領導」的宣傳活動，並邀請員工志願為同僚帶領訓練課程。他在他激勵人心的演說裡提到，為了讓員工學習領導技巧並獲得升遷，無論他們在公司所處的職位為何，都必須承擔起領導的職責。最終公司各階層約有兩百八十名志願教練跟全國人壽的專業培訓師會面學習基本的培訓技巧，接著在他們設計的訓練課程中被授予充分的自由，盡情展現各自的特色。

這項改革驚人地展現了兼具企業績效與個人幸福的創造力及自發性。為了吸引大家認真參與，這些教練使用的方法從認字卡片、棋盤遊戲到填充玩偶，應有盡有。此外，志願者來自公司各階層這個事實，也瓦解了典型企業層級分明的藩籬；這些教練因為他們老闆的老闆可能參加他們的訓練課程而感到振奮。

當我在全國人壽的會議上為啟動和慶祝這項提案演講時，有兩件事情讓我印象深刻。首先，跨越企業的不同層級讓我們得到各種想法和關係（支柱、橋樑和擴增器）之間美妙、互利的交流，進而協力編織公司文化，並加速擴展組織力量。其次，邀請各個職位的人來擔任領導工作有著長期的正面影響。這兩百八十位正向改革的鬥士並不像在其他公司的員工那樣，回到他們原來的工作崗位只是做個大車輪上的小齒輪，而是持續積極投入、參與，並不斷提高個人領導潛能的上限。此外，他們的老闆的老闆可能也參與他們的訓練課程這件事讓員工保持動力，一刻也不鬆懈，因為這不但提高了他們得到升遷的機會，也為管理階層開啟更多發現人才並提供升遷的契機，因為很有可能他們過去都忽略了這些人才。

另一個同樣透過更具包容性的領導分工而創造正向組織變革的龍頭倡議者是聯合健康集團，特別是在文化部資深副總裁戴夫・史巴克曼（Dave Sparkman）和他的團隊領導下的改革工作更見奇效。

戴夫不試圖獨自扛下擁有二十三萬多名員工的公司改變文化的巨大挑戰；反之，他做了一場激勵人心的演說，邀請員工志願成為「文化大使」（culture ambassadors）。有鑑於該集團員工必須接受額外的訓練並承擔更多責任才能成為文化大使，但又完全未以加薪作為獎勵，對此做法持懷疑態度的人士可能認為十個員工裡只有五個會接受他的邀約。但事實上，參與的人數比想像中更多。戴夫目前已經「指派」了一萬名文化大使，而且人數還在增加。員工想要參與不只是為了「想學習如何創建更好的文化」，而是因為他們「想成為更好的領導人」。

當我跟戴夫在菲尼克斯的一場會議上聊天時，他過去一個月裡才剛去了亞洲（四次）、巴西和歐洲，在他激勵人心的演說中宣揚文化變革需要擁護者的想法。逐漸地，他小而精又深具遠見的團隊在全球持續擴大影響力，持續啟發來自多個國家、說不同語言的文化大使投入改革，而不是「等待世界去改變」。

你也可以應用激勵人心的演說，邀請別人成為你個人生活的改革特工。當我憂鬱時，我告訴朋友我需要他們分享我的心情，而他們立刻就給我所需要的支持。即使家長也可以藉由要孩子參與家中的決定，或是對他們該接受何種懲罰和獎勵發表意見，來鼓勵孩子勇於承擔。或者你可以「指派」他們為你們一起種的香草植物澆水或是餵養寵物，或者也可以讓年長的兄姊照顧弟妹。

策略三：提供實質的獎勵

美國電腦科學公司是個資本額高達一百七十億美元的顧問公司，它有一個部門正遇上難關。根據西敏大學商學院教授弗拉特卡・胡碧克（Vlatka Hlupic）的研究顯示，這個部門的成長與收益停滯不前，因此他們的顧問沒什麼工作可做。部門年收入降低，卻還要支付高額的薪資，這無疑是雪上加霜。

你們當中曾在大公司工作過的人，都知

激發三歲幼兒的領導潛能

我記得有天晚上我旅行回來，到家後人都累癱了，根本沒有力氣跟我兒子打著玩，好讓他睡覺。突然我靈機一動，問李歐是否可以為我準備好上床睡覺。

李歐對這個新派的任務感到非常興奮，趕緊進行他每晚上床睡覺的儀式：所有我通常需要為他做的事，像是幫他把小卡車放到他床上，幫他穿上睡衣，然後幫他刷牙。他幫我蓋上毯子，好心地給我一台他的小卡車陪我睡，關燈，然後驕傲地急速碎步跑回他的房間，立刻進入夢鄉。

結果是，透過一個像這樣激勵人心的做法，我們甚至可以幫助一個三歲孩子啟動他的領導潛能。

道遇到這種情況時典型的反應是什麼。資深領導抓住控制權，開始由上往下發號施令，包括大幅度且打擊士氣的減薪和裁員；下達如何讓事情更有效率進行的命令；要求員工做得更多，領得更少；而這種種解決之道不足為奇。當部門領導階層集中控制權，要求所有顧問案都須有正式的審批過程，事態就越來越糟。如胡碧克所述：「那樣做會導致工作績效下降，對員工的動力造成負面影響，而好的員工開始離職，這時要找人替代他們更形艱難。取代舊員工和訓練新員工的花費提高了成本，同時降低營業收入。這些改變都會減緩決策過程、阻礙冒險行動、打擊企業家精神。」

部門領導看清這種「命令與控制」模式無效，因而決定將權力從獨斷的最高管理階層手中收回，而將其擴展至整個機構。他們授權給顧問自組團隊，委託給他們追求工作績效的任務，要求他們將該任務與公司透明、公平及協同合作的指導核心價值平行發展。員工被授予這種新獲得的決策力及信任，無論自己的資歷和經驗在何種層級，每個人都開始在團隊中嶄露頭角，成為領袖人物。如此做的結果相當驚人：第一年，該部門的利潤幅度便提高百分之一百五十！

但更驚人的還在後頭。僅是明確知道他們有多少進展（要有精確的百分比），就讓那些領導人大受激勵而對他們的團隊加碼投資，要團隊負責確保彼此溝通順暢，而且讓成員獲得所需的資源或指導。第二年，利潤又提高了，這次則高達百分之兩百三十八。接著，領導力更加擴展。受到這些量化數據的啟發，第二個部門試著複製同僚所創造的星系，授予自己的團隊更多權力和自主性，而他們的利潤幅度上升到更高的百分之兩百九十五！因此，他們的進步成了大潛能的燃料。

要讓改變持續，我們必須提供獎勵，並增援大家對創造改變所付出的努力。因此，用進步來激勵大家從每一個職位上領導是很關鍵的。比如凱撒醫療集團追蹤計畫方案的成果，並確定全體員工知道他們拯救了多少性命。而在主教學區，喬爾確保從導護人員到餐廳員工，大家都知道畢業率大幅提高。當人們看到自己努力的成果，一個正向的回饋迴路就此形成，而使得進步成為未來更大變化的催化劑。

策略四：找尋工作的真義

每當我對個人或團體說到「在每個座位上都能領導」時，我經常聽到的一個評論就是：「但如果我的工作就是沒有提供通向領導力的途徑，更何況是通向大潛能呢？」在我遊歷五十多個國家，跟各階層員工討論什麼會激勵他們尋找更大潛能的同時，我也聽很多人說過，如果他們有份完美的工作，有支持他們的老闆，或有個夢幻職位等等，他們會更積極，也更有可能主動去引發改變。然而我相信，你從任何工作幾乎都可以發現通往領導力的途徑。但首先，你需要找到一條通往「意義」的路徑。

耶魯大學管理學院傑出的組織行為學教授艾美・瑞斯尼斯基（Amy Wrzesniewski）大多數的研究，是在探討擴展工作上的意義。根據她的研究，人們會將「職業」視為工作、事業或使命這三種情況。工作只是你咬牙忍耐做著能獲得薪水的例行公事；事業也是工作，但它能給你社會特權和地位；而攸關使命的工作，對你在人生中的自我認同和自我定義是很重要的，是帶給你成就感和意義的自我表達方式；也就是說，使命是通往大潛能的途徑。

如果有人問你這個社會上哪些工作你覺得最難被視為使命，而就只是一份工作，你的答案會是什麼？當人們被問到這個問題時，常見的答案有「養老院的門房」、「收費站的收費員」和「清潔隊員」。通常大家認為這些工作在權力和領導潛能上排名很低，但瑞斯尼斯基的研究顯示，當你問人們是以工作、事業或使命來看待自己的工作時，得到的答案比例在各行各業中相當一致。比如，瑞斯尼斯基發現無論是行政助理、醫院員工，甚至是養老院的門房，都同樣有可能跟其他大多數行業的人一樣，視自己的工作為真正的使命。換句話說，我們都能在各自的工作上找到意義，無論我們是在哪個位置。

下次你到雜貨店時注意每個收銀台後方的裝袋人員。你看到的情況很有可能跟瑞斯尼斯基描述的「三分之一規則」一致——三分之一的人會看起來無聊又冷漠，另外三分之一的人會看來有效率但呆板，最後三分之一的人則是很開心、精力充沛，而且對顧客很親切。同樣的工作，有三種不同的反應。我估計，即使那些快樂的人也不想終其一生都在雜貨店裡當裝袋人員，也不認為這是他們夢想的終點，或這個工作能讓他們表現自己所有的特長。儘管如此，他們能在工作上從細微處創造意義，不論是說說笑話或表達讚美而讓顧客感到愉快，或是想辦法盡速服務排隊人潮以減輕收銀員的工作，還是鼓勵顧客多自備購物袋而少用塑膠袋。這樣的人能證明：不僅領導力是個選擇，意義也是個選擇。

但大潛能就從你開始，也就是由你來決定如何從目前的職位上找到那個意義，所以現在就試問自己這些問題：你是否透過工作來幫助別人改善生活，即使能做的事情很有限？你是否能跟人產生更深層的連結？你有機會因為跟人互動而讓對方一整天都很高興嗎？你是否在以某個極微小的程度來說，甚至成為改善世界的助力？我先前在《哈佛最受歡迎的快樂工作學》裡描述的研究發現，每天只要花兩分鐘記錄一個有意義的經驗，不僅能幫助你的大腦辨識這些時刻，同時還能知道如何將更多這樣的經驗融入你的日常生活中。

如果要深入探索，那麼你要問自己在工作上是否能運用個人獨特的技能？運用你的創意、你的EQ和你在數字上的本領？想辦法讓自己每天至少能運用一樣個人的強項。如果你能發揮個人所長，那你就更容易將工作視為一種使命。

許多人無法將目前的工作視為使命，是因為他們希望有朝一日去做別的事。結果，他們忙著美化或癡心於某個未來的夢幻工作，以至於不去想當前工作需要他們做的所有事情。別讓夢想將你麻痺。對未來抱持目標或志向沒什麼錯，但若你不斷尋找更青綠的草地，你永遠不會看見你目前身處的那片綠地有何美景。

從午餐做起的大變革

非洲第一位女總統是賴比瑞亞知名的艾倫・強森・瑟利夫（Ellen Johnson Sirleaf），這位巾幗英雄的勇氣讓她能超越貼在她性別上的標籤和期待，甚至擔任統治階層最高位的領導人。她寫道：「你夢想的大小必須永遠超出你目前可以完成它們的能力。如果你的夢想不會讓你感到害怕，那麼就代表它們還不夠大。」而且，偉大的夢想需要我們將潛能擴展至超越個人能獨力達成的目標。所以本章我將以一個故事終結，用以提醒大家，當我們真心懷抱遠大的夢想時，改變將無可限量。

我第一天上大學就遇見安・金（Ann S. Kim）。安不像我很多哈佛的同儕那樣追求高薪的工作，而是希望發揮自身最大的價值。十年後，安跟美國衛生局局長合作，精心策劃能使這個世界更健康的想法。安以下的信念構成了她的理念基礎——如果我們想要一個更好的世界，就必須將權力擴展到社會上甚至看似權力最小的人，也就是貧困的孩童。

前任衛生局局長韋維克・墨菲（Vivek Murthy）在二〇一六年說道：「我認為我們若想創建一個更健康的國家，就得授權給更多人去改變自己的生活；同時我們也必須授權給他們，讓他們成為改善自身環境的助力。」改善營養是能對社會健康形成巨大影響的改變，特別是對生活在貧窮環境的兒童來說更是如此。所以安經由三藩市聯合校區及創意設計公司艾迪歐（IDEO）的合作關係，開始設想各種方法，讓貧窮的小學生也能帶動全校，向健康飲食的改變邁進。

結果他們發現，要讓該校區學生吃得更健康的巨大挑戰，並非自助餐廳缺乏營養午餐的選擇；真正的原因是，孩子根本不選擇那些營養的餐點。年齡稍長的學生不喜歡排隊，也不喜歡餐廳的環境，所以大多數會放棄自助餐廳的營養餐點，而開車到校外去找速食吃。對於年紀較小的孩子來說，自助餐廳的經驗充滿了同儕壓力和霸凌。孩子們看著彼此便當袋裡的東西，還互相攻訐，結果有些人寧可不吃東西，或是互相交換不健康的午餐，也不要同儕看到他們排隊等候餐點，吃著他們覺得興趣缺缺的食物。

安和艾迪歐的夥伴們在解構這樣的午餐經驗後發現，校方可以透過讓學生參與午餐經驗來解決許多相關的問題。與其不情不願地站在隊伍中等候餐廳員工把當天特定的餐點倒進自己的盤子裡，他們指派給學生職務，輪流當「服務生」，推著餐車把食物送給他們的同儕。食物也不用個別點選，而是以家庭餐的方式提供。沒吃夠的孩子可以簡單說聲「請把豆子傳過來」，而不必挨餓或去霸凌別人。

漸漸地，孩子們開始感受到自身有發言權，也因為受到這些引導，他們開始主動建議自己喜歡的食物。他們看著其他學生選擇有機菠菜，因而受到鼓勵，也去點選健康的餐點。孩子們學習到食物的成分，也學習關於有機食品、好脂肪和麩質飲食等知識，因而回家後帶頭做家人的榜樣，主動詢問家裡的餅乾是不是用健康油做的。孩子們在整個過程中變成參與者，而不再是受害者。

沒有任何午餐方案能獨力解決健康或貧窮的所有問題。但這是個開始，而且它啟動了良性循環。行政單位因為減少浪費的食物而節省了開銷；校方因這樣的創新方案得到成功而感到驕傲；整個社區甚至因為飆車到附近速食店的少年駕駛減少了而變得更安全。更別說學生飲食習慣的全面改善，也就是產生疾病減少、學業成績提高、霸凌事件減少等效果。而這一切改變都始於授權給學生，從每一個午餐座位上來領導。

當我們有足夠的勇氣將權力交給別人，我們會突然發現自己肩上的重擔被移開了，我們的力量也因此增加，而能挑起更重的擔子，懷抱更多夢想、學習更多知識、做更多事、發揮更多潛能。這就是我們尋求的良性循環。

第五章
擴大讚美力：打造稱讚與肯定的稜鏡，讓讚美之光向外折射

莎拉走進董事會會議室時，她導師的話言猶在耳：「不是妳，就是她。」當莎拉坐下來，跟她法律事務所的合夥人進行一下午的會議，她知道為了雀屏中選而能立身於他們當中，成為公司最新進的合夥人，她得證明她比競爭對手更適任此職。

被提名為合夥人是場割喉戰。爭取這項升遷的兩個候選人都非常優秀，但只有一人能在該輪競爭中成為合夥人。兩位女性候選人先前都忙於同一件大型收購案，而且都為公司賺了大錢。

在第一輪面試中，莎拉採取了導師的建議，對一位合夥人自我推銷。她謹慎地詳述所有的個人成就，得體地誇耀自己在別人錯失良機時得以看見機會的能力。然而，

會議結束時，她卻感到有地方不太對勁。

後來，她進行第二次面試，這次是跟一位較資深的合夥人面談，她改弦易轍。當那位合夥人為了最近收購案的成功而讚許她時，莎拉沒有重複上回面談時準備好的相同台詞，而回答道：「謝謝你的讚美。那是我最引以為傲的一項成就，但我也感謝你在那項計畫上為我安排的團隊。你雇用的新助理提姆，整整熬夜三天，幫助我完成計畫；還有凱倫（另一位爭取成為合夥人的助理律師），也為這項計畫盡心盡力，她是我合作過最聰明的一位律師。」

她後來坦承，那時她內心有些糾結，擔心那麼做會讓自己失去了優勢。但同時，肯定那些同事的貢獻，讓莎拉感覺更實在，所以在接下來的面談中，她都分享這樣的感受。

一個月後，她被叫進那位資深合夥人的辦公室，並被告知她得到了這個職位。他告訴她，她和競爭者幾乎不相上下；事實上，這兩位候選人之間只有一點不同，而讓他們決定把位置給她。他說，凱倫以收購案作為個人的成就，證明她應該得到合夥人的資格；但莎拉卻透過收購案來讚許另一位候選人、年紀較輕的助理，甚至還感謝資深合夥人雇用了好的人才。那位資深合夥人說，「妳成為合夥人是因為妳不僅優秀，而且妳會對整個事務所有幫助。」

「讚美」是用之不竭的良性循環

有些人看待讚許，有如看待限量商品。他們認為晉升和成功的關鍵，一定是吸取並積累越多肯定、仰慕和讚揚越好。當我們誤以為成功和肯定是損益並存的關係，每個人都把肯定藏起來而吝於給別人，那我們便會開始渴求讚美，最終變成吝於讚美的守財奴。

然而太多人沒有看出來的是，讚美其實是再生能源，能創造良性循環——你給出去越多，你的供應量就越提高。當我們讚美得當，讚美的行動會讓我們的大腦準備好去呈現更高的績效，也就是說我們給出的讚美越多，創造的成功就越多。而成功的人事物越多，值得讚美的人事物也越多。

我們不要變成讚美的守財奴，而要成為讚美的稜鏡。在物理學裡，稜鏡是有著多個反射表面的物體。當光打到稜鏡上，不同的波長因為不同的角度而彎折，當光穿越稜鏡再放射出來時，便創造出如彩虹般的效果。莎拉是名副其實讚美的稜鏡：她把讚美的光芒照射到別人身上，而不是去吸收或減損它，如此一來，她不但讓同事看起來很優秀，同時也讓自己的職位晉升。

我過去五年多的研究顯示，你越能真誠地將讚美之光照耀在你生態系統的每個人身上，你個人和集體的潛能就會提高越多。我在《哈佛最受歡迎的快樂工作學》裡寫道，當你改善某人的情緒時，你就提高了他們的動機和工作效能。當整個生態系統的集體動力和工作效

關於「讚美」的三大錯誤

如果我們真的想要別人投入、給人動力，並啟發別人，就必須重新思考「讚美」這件事。

正如史丹佛大學卡蘿．杜維克教授（Carol Dweck）在其傑作《心態致勝》（*Mindset*）中所寫，關於「讚美」這件事，我們所犯的錯誤除了只讚美「結果」而忽略「過程」之外，還有以下三大錯誤。

一、即便我們原本是要強調他人做對的事，但卻經常直覺地指出對方做錯的事。

二、一般人多半習慣用「比較」的方式來稱讚；也就是說，藉由貶低另一個人來嘉許某個人。

三、我們過度重視讚美表現最好的個人（而且這些人通常已經獲得獎勵），而非團隊的集體努力；而且我們期待讚美會由上往下涓流，而不是讓讚美自由地流向四面八方。

能都獲得提升時，就能培育出讓潛能有機成長的沃土。

在絕大多數的公司、學校和人際關係中，問題不在於我們讚美得不夠，而是一直以來，我們用錯了讚美的方式。我甚至要極端地說，我們目前讚美的模式讓大多數團隊失去動力，讓家庭的內在衝突加劇，更讓我們的潛能受到限制。

這個問題的核心在於，我們該如何應對各自生活中的讚美和肯定。我們對讚美的反應經常有以下兩種：要不出於害羞或謙虛而覺得不好意思（比如會客氣地說：「我不過是幸運罷了」），就是誤認為自己獲得的讚美太少，而將其完全據為己有。在這兩種情況下，讚美被扼殺，使它的光芒在有機會完全閃耀前，就被熄滅了。我們必須想辦法將讚美之光吸收進來，並同時折射出去。

在本章，你會學到六個能在公司、社區或家庭裡擴大讚美力的策略：

策略一：停止比較性的讚美。

策略二：聚焦在「做對」與「做好」的事。

策略三：讚美基層人員。

策略四：使讚美民主化。
策略五：讓隱藏百分之三十一的人現身。
策略六：別只讚美成果，而要以「讚美獲得成果」。

策略一：停止比較性的讚美

有時候我演講完會收到這樣的讚美，但這是最糟的一種：「你是今天最棒的演講人。」這個讚美有什麼不好呢？相信你會這樣問。嗯，首先，這種讚美貶低了其他的演講人。如果另一位講者就站在我身邊，那怎麼辦？其次，這提醒了我，事實上在很多情況下，我「不會是」最好的演講人。這樣的評論並沒有增強我的信心，反倒讓我對未來的演講感到忐忑。

這個例子點出我觀察到人們在讚美時最常犯的一個錯誤，像是用類似以下的話來稱讚別人：「你的報告比傑克的好」，或是「你是全會議室裡最聰明的人」，抑或是「你是球場上最棒的球員」。因為這樣做，你其實是在比較，而不是在讚美。真正的讚美應該說：「你的報告很精彩」或是「你演講的笑點出來得正是時候」，而不是告訴他們，他們的報告或演講「比另一個人的好」。

當你告訴某人他們比別人好時，就意味著另一個人「比較差」。其次，告訴別人他們「比較好」或「最好」時，你便無意間暗示了，你對另一個人的表現沒多大期望。同時，如果我們只努力做得比別人好，那我們的自我期許不就太低了嗎？那是告訴我們，只要我們比另一個人好一點點，我們就可以停止努力，甚至不需發揮潛能，即使我們有能力這樣做。

如果你想要提升他人，不要拿他們跟別人比。事實上，這對我來說是本書最不容易寫的教訓，因為我總以為自己直覺地會去讚美他人，包括我太太跟兒子。但我現在知道，我犯了一個關鍵的錯誤。儘管你是好意，但若你興奮地對一個孩子說：「你是那些人當中最棒的！」那你只是告訴他們，你對他們的愛和興奮之情，都是基於他們跟別人的比較。

想想看，我們有多常陷入比較的陷阱。「你是這個房間裡最受歡迎／最聰明／最有趣的人。」為什麼我們要貶低在同個空間裡的其他人，來讚美某個人呢？而且，如果那個人進到另一個地方，而那裡盡是更迷人／更聰明／更有趣的人，那該怎麼辨？為什麼不直接說「你既美麗、聰明又風趣」呢？比較性的讚美迎合了小潛力的心態——也就是認為成功、領導力、創造力、美麗、愛或其他任何我們關心的東西，都是有限的資源；這種想法加劇了在小潛力的觀念下，成功是零和遊戲的心理。當你告訴一群人，他們之中只有一定比例的人會成功，這樣做就壓制了所有人的幹勁、志向和潛能。

停止比較性的讚美最簡單的方式，就只是從我們的字彙中刪除最高級，像是「最好」、「最快」、「最聰明」、「最漂亮」。這些字眼只會削減他人的信心，而非告訴他們有多棒。別說這些話，嘗試實行我認為堪稱神聖的讚美法則：不以減損他人來表達讚美。

我們的文化，特別是我們的學校制度，充斥著不易察覺但危險的比較性讚美。每年在大多數的頂尖大學裡，相當多惹人厭的教授採取了不明智的教學立場，反對分數膨脹（grade inflation），而為自己班上的學生制定了嚴格的分數曲線。分數曲線的概念是：若你強制執行績效評估，就會提升學生的表現。但事實遠非如此。

首先，強制規定只有少數同學可以拿A，那我們基本上傳達給學生的訊息就是，學術成就是有限的資源，而這恰恰與我們想經由大潛能而達到的目標背道而馳。其次，這些學生在各自的家鄉都是班上頂尖的學生，所以我們為什麼要自動假設，其中百分之三十的人該拿C呢？最後，這樣的制度也打擊了學生的興趣——這些人很可能真的想學習某些課程的內容，但因為害怕所有科目的平均分數被降低，而不修這些課。

有些人會辯稱，這樣的競爭是有益的。或說，為了醫學院預科課程這樣的科目，對表現優異的學生強制設定一個假曲線有其必要，因為這樣可以篩選出精英中的精英，淘汰其他人。但有鑒於我們生活在一個醫生極度短缺的社會，這樣的邏輯站不住腳；事實上，「淘汰」的真正理由是大學裡醫學院預科教授人數不足。就算不是這樣，你何必要在大一學生還在學習基本知識的時候——也就是當其中許多人若有機會學習，很可能成為優秀的醫生的時候——來淘汰他們呢？我們這樣做是讓潛能得以有空間發展前，就扼殺了它。而且這樣做，你非但無法培養一群精銳的超級巨星醫師，反而讓一群學生緊張焦慮，或甚至是被藥物控制，同時還沒有足夠的醫生來治療他們。他們變成了本書第二章裡提到過度競爭的雞隻；而下場就是互啄至死，成不了超級生產者。

在職場上，比較性讚美的梅毒以「績效評量」的形式毒害著我們，特別是以數字評量表為員工「打分數」的形式。但這種類型的評估，最後在應用上會得到類似分數曲線的結果；當管理人誤認為只有一定人數的員工表現達「A」時，這樣會讓那些拿低分的員工失去動力，心生怨氣。

在《哈佛商業評論》上發表的一篇極有趣的文章中，神經領導力協會的大衛・洛克（David Rock）提出更多理由，來支持為什麼應該淘汰績效評量。他的論證是，許多公司採用的數字評量系統並沒有考慮現今完成工作的型態。

績效評量不會激勵人心，而是打擊士氣

若我們不使用績效評量，人們得到的讚美和建設性回饋會更少嗎？實際上，恰恰相反。在神經領導力協會研究的三十家頂尖公司中，若不使用績效評量，管理人其實更常給員工建設性的回饋和讚美，大約每年會有三到四次，而不是像平常那樣一年一次。有些創新性公司也更樂意接受這個想法。

過去這些年來，我花了不少時間跟北加州的奧多比系統公司（Adobe）合作。早在二〇一一年，他們的管理階層就以市民大會的形式召開會議，討論公司在積極性方面的評分和妨礙員工快樂的最大障礙，就是從一分到五分的員工績效評估制度。他們一看出這個制度在吸引和留住好人才上的負面影響後，便完全廢除該制度。即使是通用公司（GE），他們曾因將員工分級並淘汰倒數百分之十而聞名且居先驅地位，隨後也幾乎廢除了這個過時的制度。

相較於以往，現在有更多工作是透過團隊來進行，而且有許多人同時參與多個團隊，這些團隊經常分散在世界各地。他寫道：「很少管理人確知他們的團隊成員表現如何，特別是當員工加入許多其他團隊時，經常做著管理人看不到或甚至不了解的工作。」「一年一次的標準化績效評量，就是不符合我們現在的工作方式。」

策略二：聚焦在「做對」與「做好」的事

二〇一六年年底，我跟公主號遊輪簽了一份協議；他們邀請我共同研究員工的投入程度、正面心態和快樂程度會如何影響遊客經驗。很顯然地，進行這項研究唯一的方式就是搭遊輪旅遊。搭乘遊輪那週正巧碰到我母親七十歲生日，還有我爸媽結婚四十週年紀念日。所以，那也是我最後帶了二十六個人一起來趟「商務之旅」的原因。

我的家人很快就啟航，各自執行「研究」快樂的任務。有些人在手工巧克力和吃到飽的美食中探索快樂；有些比較有野心的，則專注在了解快樂何以會因為我們所停靠的國家而有異。比如，我兒子當時兩歲，他的結論是（根據他每天午睡前三個小時裡縝密的研究），貝里斯是最棒的國家，因為那裡顯然有比其他地方「更多的卡車」。與此同時，我跟船上全體工作人員見面，以便更深入了解影響他們投入程度的因素，以及接下來這些因素對他們與遊客互動及服務所產生的作用。

我跟我研究團隊的領隊，也就是我妹妹，冒險下到船艙最深處去巡視員工的房間、食堂和各項設施。然後我們坐下來，訪問三十位員工在船上工作的經驗。我每次面談都會問：「請回想你在這裡工作時最快樂的那些日子，是什麼讓你覺得那天特別好？」

我期待大多數人會告訴我，他們覺得最棒的那幾天，是他們休假上岸去雨林探險，或是整個下午得空到游泳池那層甲板上閒晃，又或是他們可以跟同事在某個夜晚開趴同樂。但讓我非常吃驚的是，他們一個個都告訴我，他們感到最棒的時候，是從直屬上司那裡得到善意的讚美。我跟妹妹帶著懷疑彼此對望，然後繼續詢問。但當第八或第九個員工告訴我們，直屬上司的讚美是他們工作中最棒的經驗時，我們發現，我們意外得知重要的人際互動方式。

我們發現他們因為上司的肯定而受到鼓舞時，也更有可能將這樣的正面能量折射到遊客身上，包括與遊客進行更友善且更有助益的互動，更有效率和更優質的服務，盡心盡力確保遊客能享受格外美好的假期。所以，要提升遊客經驗最有力的一個方法，就是確保管理人真的經常注意到員工做對、做好的事情，而鼓勵他們。

十九世紀詩人兼劇作家王爾德寫道：「當人們放棄『說』迷人的話時，他們就是放棄了去『想』迷人的事。」這個說法完美地描述了「聚焦在『做對』、『做好』的事」（Spotlight the right）背後的神經科學理論，也是我跟蜜雪兒在公共電視節目《啟發快樂》（*Inspire Happiness*）裡所用的策略。我們說什麼和做什麼，都是在告訴大腦該去專注什麼地方。所以，如果你不主動掃描你的社交生態系統，去找到可以讚美的事，你的大腦就不會注意到什麼是對的、是好的事情。同樣地，我們關注什麼事，也就是在告訴大腦去重複什麼。正如歐普拉在《超級性靈星期天》裡訪問我時說的：「你越是讚美和慶賀你的人生，你的人生中就有更多值得讚美的事。」

正如讚美會讓大腦專注於正面的行為，批評也會讓大腦專注，但卻是在負面的行為上。既然我們專注的事物會不斷被重複，那我們為什麼要關注錯的事，而不關注對的事情呢？這正是為什麼大多數的績效評量實際上卻使績效降低的緣故。太多管理人在突顯正面的結果前，就先強調對方的弱點或需要改進之處。從大腦的觀點來看，這樣做是在告訴員工，經理根本不在乎他們的長處，只在意他們的弱點；不在乎成長，只在意赤字。因此大腦相信，他們的正面行為不重要。那麼，不重要的事就不會被重複。

這並非說管理人不該提出誠實的回饋，或指出需要改進和成長的地方。但我們也必須明白，要改進我們的不足和弱點，而不去忽視它們，需要心理資源、力量和能量。讚美是取得這些資源的管道，能在我們努力改進和成長時給我們燃料。

有些管理人認為立場中立的回饋，也就是不直接給予批評或讚美的回饋，比公開的批判性言論來得好，但事實並非如此。不讚美別人不但浪費了強化正向行為的機會；一旦缺乏讚美，我們的大腦就會直接轉向負面，導致我們去感知別人對我們的批評。當今最富創新精神的青年神經科學家布蘭特・傅爾（Brent Furl）解釋道，當我們感知到批評、拒絕和恐懼，「身體會產生更高水平的神經化學物質，而關閉大腦的思考中心，啟動保護機制。我們變得更消極被動，而且更敏感。我們甚至經常注意到比現實生活中更大的批判和負面回應。」

我們關注什麼，也就是在告訴大腦該重複什麼，因此，如果我們想要鼓勵優異的表現，就要每天練習把注意力放在卓越的事例上。在日常生活中最有效的做法，也是我在每次演講都會建議的，就是每天早上僅僅花兩分鐘（最多只要兩分鐘）寫下並寄出一則簡訊或一封電子郵件，稱讚或感謝你生命中的某一個人。在我所有的正面習慣裡，它之所以最有效，有多種原因。首先，你檢視了你的人際關係，找到可專注的正面事例，因而給你更多要關注的正面經驗。當我到各個公司演講提出這個建議時，經理人說，早晨一封那樣簡單的電子郵件，讓他們在一天中的其他時間裡，去找尋並看到自己的團隊裡更多可讚美和肯定的表現。

所以，先別讀這本書了，來做這個實驗。寄一則簡訊給你電話簿裡「我的最愛」名單上的人，為一件真實發生的事稱讚或感謝他們。更進一步地，試著每天選個不一樣的人——某位朋友、同事或以前的教練、你孩子的老師、你的阿姨、你的醫生。你越讚美別人，讚美就越容易成為你的習慣。

策略三：讚美基層人員

過去十年來，我出席了五百多場銷售會議，並在會議上演講。沒錯：五百場。到現在，什麼千奇百怪的事我都見識過了。

在最初的那場會議中，我笨拙地走到台上，立刻就被正對著我的噴霧機所製造的霧氣籠罩，當時「歡迎來到叢林」（Welcome to the Jungle）刺耳的樂音，以最大的音量在後台響起……在這之後，我做了一個關於正念和如何在生活中「消除噪音」的演講（我是說真的）。在另一場會議上，介紹我的那位領導人帶著一根長柄大錘，走到一片豎立在台上的「玻璃」牆邊（其實那是純糖做的），目的是要展現他們是多麼氣勢如虹，蓄勢待發要「打倒所有的銷售障礙」。在兩次重捶都沒動靜後，第三次的重擊終於把牆粉碎了，糖片彈飛進前幾排的座位而引發尖叫——這些出席的員工當然以為直撲他們臉上的是玻璃碎片。另一次，我跟在一隻長角小公牛後頭登上舞台，而我也不明白這是為什麼。我的重點是，儘管這些銷售會議似乎都充滿新的驚喜，但經過五百場演講後，我看出來其中也有著一個常態。

當會議進行到一定時間，你便能準確地預測自己可以往後靠在座位上，然後聽某些資深領導人，甚或是執行長，確實地執行商學院教他們的事：讚美。幾個星期前，他們要助理整理出為公司賺進最多收入、完成最多交易，或是帶進最多生意的員工名單。現在，他們邀請這些贏家上台。他們列舉這些人的成就和成功，跟這些人握手、拍照，然後請他們回貴賓席就坐。同時，其他百分之九十五的員工坐在觀眾席間，要不傳簡訊，要不在手機上查看ESPN體育頻道。往好的方面想，他們只是感到無聊或事不關己；但往壞的方面看，他們心中充滿了失望或不屑。

只有肯定表現最出色員工的這類讚美，是只能得到小潛力的讚美。小潛力式的讚美只照亮一個已經身處高位的人，然後兀自燃燒。大潛能式的讚美能照亮讓高績效得以發生的支援系統。這個支援系統，無論來自同事、家人或朋友，就是你的「基層」，而當你讚美那個基層，你就提升了以它為基礎的整個人際系統。

我知道有些讀者可能在想，我會主張頒發獎盃給敗隊的每位球員。不是這樣的。頒獎盃給每個人不是真誠的做法，而且研究清楚顯示，如果你給人虛假的讚美，結果只會適得其反，失去別人的信賴。反之，我要說的是，當我們為勝利而讚美時，也需要肯定促成勝利的支援隊員。

我並不是說要停止讚美那些績效高的人，或只讚美績效低的人。而是我們需要將更多光亮轉向助攻的球員，而不只是進球得分的球員，因為後者已經從觀眾的歡呼和進球的激奮中，得到了他們應得的讚揚。在大多數公司裡，高績效員工已經從諸如更高的評分、薪資和職位上得到了獎勵。所以，我們必須確定、也去獎勵其他為團隊成功做出貢獻的員工，他們的付出較不為人所見，但價值卻不減。持續將穩定的光亮照射在基層，這樣它會向上與向外反射，因而讓頂層更加閃亮。

我們經常花太多時間和精力專注在提升績效高的個人，以至於忽略了團隊的集體士氣。有幾位西班牙研究人員，在他們發表的期刊文章〈感覺良好讓我們更強：團隊韌性如何調和正面情緒而對團隊表現發生效力〉中，擴展了芭芭拉・佛雷德里克森（Barbara Fredrickson）的研究，轉而檢視團隊的集體情緒狀態。他們發現的是，如果團隊集體缺乏韌性，即使有一兩個正向隊員在場，整個團隊和隊裡的個人表現都會下降。因為只獎勵最優秀的人難免會招致嫉妒、羨慕和病態的競爭，而這也是破壞團隊韌性、士氣和信賴最快的方式。

尼克・薩班（Nick Saban）是阿拉巴馬大學足球隊的首席教練，也是史上最成功的一位教練，他在讚美上的做法有別於其他教練。薩班不像一般教練那樣，去高度讚揚個別球員；他也不會發任何勝利紀念球給最有價值球員。據他解釋，像那樣單獨挑出任何人，有悖於他提升整個球隊的目標。他知道，沒有一個足球隊員能獨自贏得冠軍賽，就像沒有任何高績效的個人能獨力獲得成功。他認為集體的勝利應該得到集體的讚美。

密蘇里大學前任足球教練蓋瑞・品克爾（Gary Pinkel）對薩班有此說：「他所做的事很瘋狂，近乎奇蹟。他網羅最好的球員，而且說服他們完全相信他的制度，以球隊整體為重。他們為彼此踢球，而不是為自己或其他任何人，而我想那是他們總能在這些球賽（延長賽）裡踢得如此出色的一個很大的因素。」藉由讚美基層，薩班得以提升整個星系，而不只是單一的超級巨星。

軍隊也是一樣，他們知道如何讚美得當。當我為了海軍儲備軍官訓練團的獎學金參加新兵訓練營時，他們沒有單獨挑出跑得最快，或最能徒步行軍的人。畢竟在實際作戰的情況下，任何個人能跑多快並不重要；如果你的排上有一個人落後，你們全都麻煩大了。所以在儲備軍官訓練團，若有一人翻不過牆，整排的人都要重來。若是整個團隊不能在特定時間抵達指定的地點，大家都得跑步。如果一個人從充氣船上翻落水中，你就把船翻了，讓大家都落水。我們要不一起成功，要不就一起失敗。這是大潛能的核心思想，也是我們在學校和公司裡迫切需要採行的理念。

任何認為自己的成就，無論大小，都是憑空發生的人，是很短視的。這也是為什麼當我收到讚美時——或許是有人寄電子郵件來，說我的書如何大幅改變了他們的人生，或是我在演講後受到觀眾起立鼓掌歡呼時，我總是會告訴我的團隊：「我們收到一封很棒的電子郵件」，或是「我們受邀去一場大型會議演講。」因為這些確實是我們一起辦到的。雖然書的封面上可能是我的名字，而且我可能是站上舞台的那個人，但我團隊的努力是我所寫的每一本書、所做的每一場演講的一部分。對你來說也該是這樣。這不是謙虛，而是事實。

麥克・喬丹說：「天分使人贏得球賽，但團隊合作與才智使人贏得冠軍賽。」我們的讚美應該流向支援的球員，而非只是超級巨星。我們不該只請表現最優異的人上台，而需要邀請協助支援他們獲得成功的人上台，這樣做就不會將更多注意力傾注於已站在聚光燈下的超級巨星，而會將光芒轉向星群中其他不常有機會發光的人。

在學校和家庭裡，我們也必須了解，當一個孩子表現良好時，我們正好有絕佳的機會來提升協助孩子得到如此表現的支援系統。比如，我們可以給弟弟寫封短信，謝謝他坐在寒風中為哥哥的進球得分加油、喝采。或者，我們可以向姊姊表達我們多麼感激她幫著教妹妹讀書。當我們的孩子在學校裡，在某個學科或科目上表現優異時，我們可以鼓勵孩子謝謝老師幫助他們獲得好成績。

在現代世界裡，「成就只屬於個人」的想法已經過時。沒有人能獨力創造讓電腦更快速運作的電腦晶片，沒有人能獨力發明一種新藥，也沒有人能獨力治療癌症。未來，最棒的發明和進展都會由團隊星系完成，而非個別超級巨星所能成就。當我們給予肯定和讚美時，最好將這些事實牢記在心，這樣我們就能表達得當了。

策略四：使讚美民主化

在一篇《哈佛商業評論》的文章中，我曾描述與一位《財富》百大企業領導人的互動，他告訴我：「我們公司不需要什麼讚美或肯定的方案；我們是用付薪水的方式讓員工專心工作。」這是從一個觀念落後的領導人口中說出再普通不過的老生常談，是一個基於「高薪等同於高積極性」的假設。諷刺的是，我認為其實是公司付他薪水去調動員工的積極性，意思就是，如果他不讚美員工，他就沒做好分內的工作。

一個好的領導人會讚美有可能成功的人；而一個偉大的領導人則不僅讚美他人，還會使別人轉變而成為給予讚美的人。

我所參與的兩項新研究，正在為對讚美進行民主化的許多新穎的、網際網路時代的解決之道鋪路。這個研究的想法源於我在二〇一五年在WorkHuman會議上的演講，與我同台演講的有亞當・葛蘭特、阿瑞安娜・赫芬頓和羅伯・勞。雖然他們是來自不同領域的專家，但他們傳達的信息一致：我們需要找到有效且能推廣的辦法，來培養正向並積極投入的員工。

具體來說，我希望能找到透過科技來讚美和肯定的方法，進而對企業成果有正面的影響。我一開始跟全球人才顧問公司（Globoforce）合作，他們設計了一項管理工具，讓全公司員工可以透過跨公司的社群動態裝置，來公開分享對同事的肯定、讚揚與答謝，因而讓公司每個人都能即時看見並仿效彼此的成功。那份努力已開始結果，並有助於提供職場一個模型，來塑造更好的肯定方案。

我們一開始跟捷藍航空（JetBlue）合作，以測試這項管理工具。捷藍在其營運的十一年裡受到J.D. Power市場資訊公司認可，被評為廉價航空公司中顧客滿意度最高的公司，但卻在不久前，面臨員工積極性下降的問題。在一段時間的爆炸性成長後，他們努力想要提升公司正向及服務導向的文化。他們希望重回公司某些核心價值，如團隊合作、關懷和文化性，而且體認到為了達成這些目標，他們需要把讚美放在最重要的位置。

因此，全球人才顧問公司為捷藍建構了一個「同儕對同儕」的社群肯定方案程式，透過這個程式，任何「機組人員」（這是他們對員工的稱呼）都能提名一位同事，來認可他的模範成就或表現。這份肯定會透過公司內部的動態消息網址跟全公司員工分享，同事們也可以公開貼上他們的感謝或祝賀信。受到肯定的人還可以收到「點數」，這很像信用卡點數或飛行常客里程數，他們可以任意使用。比如，他們可以選擇立刻兌換獎勵點數來換取某家知名餐廳的禮券，或是存起來以換取更大的獎項，比如休假或搭乘遊輪。

該方案的成績斐然，員工成效和積極性顯著提高，顧客忠誠度也同時升高。具體來說，得到讚美的人每增加百分之十，捷藍的員工留用率就提高百分之三，積極性也提高百分之二，同時Symantec所做的外部評估發現，捷藍的總體積極性評分提高百分之十四。有鑑於人員變動可能是公司最花錢的一個問題（替換一位員工的花費占個人薪資百分之二十到百分之一百五十不等），員工留用率提高百分之三，可能就代表著省下了數千萬美元，這要視公司規模而定。

此外，捷藍的數據顯示，積極投入的機組人員讓顧客滿意讚嘆的可能性為原先的三倍，而在顧客的正面回饋中，被不成比例單獨點名的可能性則是原來的兩倍。因此，

數位認同讚揚計畫的三大優點

一個給予讚美的數位系統並非冷冰冰、沒有人情味，而是一個授權給更多人成為讚美稜鏡的平台。

它有下列三大優點。

一、它不僅讓我們能更大幅提升別人，還因為肯定與稱讚是自願的行為——而非由人事部門授權施行的提案或績效評估——因此感覺起來更像是自然地表達感謝。

二、每個收到肯定的人可以選擇對自身有意義的獎勵，因此最後能得到更個人化的東西，而不是什麼通用的、大量製造的匾額，同時也能避免一些尷尬的狀況，像是吃全素的人獲贈免費的牛排餐，或是視障員工收到iPod（這兩者都是錯用肯定方式的真實故事）。

三、肯定得以分享的本質，不僅提升受到肯定的員工，還提升了公司其他員工，他們看到別人的成就受到賞識和肯定，因此受到激勵和啟發。

「使肯定民主化」不僅跟員工的快樂相關，而且還能影響顧客的滿意度及忠誠度。

我並非暗示要用肯定來替代員工應得的加薪；這兩件事可以也應該同步進行。如果每家公司都能因一般員工表現良好而給他們加薪，我覺得那很棒。但由於公司並沒有無限的資金，還有許多公司在時機不好時不免倒閉，用感激和敬意來獎勵員工，無疑要比什麼都不表示來得好。而且研究顯示，讚美不僅能提升公司的員工滿意度，還會提高帳本底線[1]，因此讚美也能使公司財務狀況穩健，有助於加薪。

事實上，我跟LinkedIn與克莉絲緹娜・霍爾（Christina Hall）、阮・吉米（Jimmy Nguyen）和莉比・布蘭丁（Libby Brendin）合作的研究計畫顯示，獎金對員工積極性和人員變動比率的影響很小，但與讚美的頻率多寡卻大有關係。如果有人單季就收到三次或三次以上的讚美接觸點或實例，他們在下一個評量季度的績效成績就會顯著提高。如果他們單季收到四次或四次以上的讚美或肯定，下一整個年度的員工留用率會提高到百分之九十六。新進人員的留用率有百分之八十，但若他們只得到一次讚美接

1 譯注：公司盈虧的最後結果。

觸點，該比率則不會有什麼變化。若他們得到兩次，留用率差不多保持不變。若讚美接觸點有三、四次，留用率是百分之九十四。有鑑於更換一個普通員工的花費可達四萬美金左右，單單一次短暫的讚美接觸點就值一萬美金！這對我們在工作上和在家庭裡都是重要的提醒：重點不在於每一次的讚美，而是我們在人生中放大全面讚美的能力。

然而，以下是我發現最令人驚奇的調查結果：若個人在全年中收到四次或四次以上的讚美接觸點，他們給予同儕的讚美次數則會加倍。這是個神奇的臨界點：被讚美的人在收到四次或四次以上的讚美接觸點時，他們就會變成主動給予讚美的人。由此，你創造了一個良性循環，讚美得以在其中不斷成倍增加。你甚至探得了壯大自身以提升他人能力的重要資源：那隱藏的百分之三十一。

策略五：讓隱藏百分之三十一的人現身

在一項我跟同為正向心理研究員的太太蜜雪兒・吉倫（Michelle Gielan）與《培訓》雜誌（*Training*）合作的跨產業研究中，我們發現有高達百分之三十一的人表示，自己是「正向積極的，但卻沒在工作時表達出來」。在正向系統研究中，我們稱這些人為「隱藏的百分之三十一」，而且他們也是創造更大讚美漣漪效應的關鍵。這些人差一步就會成為職場上積極進取的鬥士。他們已然樂觀向上；你需要的只是拉他們一把，推他們更向前一步。

自從發表這篇研究報告以來，經常有人問我跟蜜雪兒，到底是正向思考還是負向思考的人較能影響人際生態系統。根據我們的研究，答案是兩者皆非。最有可能造成影響的其實是那些最能表達自己想法的人，不論他們是正向或負面。問題是大多數的人際系統裡都有這樣一大群人，他們占了百分之三十一的比例，他們積極投入且思維正向，但卻不表現出來，而這就意味著，社會腳本主要是由更能為自己發聲的負面人物所寫成的。因此，關鍵就在於找到把這隱藏的百分之三十一帶出陰暗、走進光明的方法。

當然，在你把這隱藏的百分之三十一變為一支讚美補給部隊前，你得先知道他們是誰。你可以透過好幾種方法得到答案，像是經由正式的調查或隨興的對話等等。比如，在一項研究中，我們問人們：「從一到五的等級中，你在工作上表達自身樂觀的程度屬於哪一級？」或者你可以問：「從一到五的等級中，當你稱讚小組成員工作表現時，能感到多自在？」或是：「當你覺得工作很快樂時，你上司的接受度如何？」當有人回應自己很樂觀，卻沒有將這種心態表現出來時，這些人就是你隨手可得以促成改變的人才。善良的主管會過於將焦點放在改造公司裡最悲觀的人。別再將槍砲齊發在最大的毀謗者身上，而是啟動那些最親密的樂觀戰友，使公司文化從負面或中立轉變為純然正面。

要說我太太蜜雪兒的書，是過去兩千年裡寫的最好的兩本書中的一本，一點也不為過。（對，我知道我剛做了比較性的讚美）身為她的丈夫，我與有榮焉；她在《散播快樂》（*Broadcasting Happiness*）一書中，描述了兩個釋放隱藏的百分之三十一的絕佳對策。首先，你要給予更多讚美來放大你個人的「信號」。一旦你更會讚美別人（無論是說出口，或甚至只是在談話中微笑著鼓勵人），根本上你就是在示範如何表達讚美，並同時將對話的氣氛轉向正面。（但要確定你是個理性的樂觀派，沒有跟現實脫節。）確認那隱藏的百分之三十一之後，建議他們嘗試幾種不花大錢的方式，來測試自己的表達能力。比如，或許可以鼓勵他們傳送表達祝賀的電子郵件，或是給予他們在你肯定的對話中插話的機會。（比如，「鮑伯的報告真是精采，是吧？」）這樣做，即使是內向的人，都能找到安全的方式來表達自己正面積極的感受。

我認為這個研究很重要，因為讓別人表達他們的想法或感受，是讓他們知道自己並不孤單最好的方法。如果你是個正面的人，但覺得周遭的人都不正面，那麼你要打起精神來：因為你工作環境中有百分之三十一的人看起來或許不特別投入或正面，但其實他們是很正面的，只是沒有表現出來而已。也就是說，你說話的對象中有三分之一看來中立或負面的人，其實是樂觀派。而且一旦你表現出你覺得可以安心表達讚美和正面積極的態度，你會很驚訝有多少人會暢所欲言。

策略六：別只讚美成果，而要以「讚美獲得成果」

每年哈佛開學的前一天，既緊張又興奮的大一新生會齊聚在社團迎新博覽會上，幻想著他們即將加入各種有趣的社團，會獲准加入哪些擁有特權的社群，還有要參加哪些贏得冠軍賽的體育團隊選拔。而且每年，布拉克爾（Blocker）教練會站在距離博覽會幾碼的塞浮爾樓前，細細端詳那些大一新生。

那年，剛成為新鮮人的我走過塞浮爾樓時，一個臉頰紅潤的壯碩男子突然出現在我面前，對我伸出他肥厚的拳頭，指著我說：「小子，你參加過划船隊嗎？你有在這項運動上能表現優異的理想身材。」

嗯，你可能在想，我會對這樣的讚許感到懷疑。我的體重大概最多只有一百五十磅，而且我猜大多數的鳥兒也會懷疑，我樹枝般的雙腿能否支撐他們的重量。但我沒去想這個人是否有罕見的視力障礙，而是感覺大祭司驅散了群眾，指著我說我就是「那個人」。我回答說自己從沒划過船，但這樣說還是客氣了。（實際上我過去從來沒有坐在船裡頭過，除非你把韋科湖上的船屋算在內。）

布拉克爾教練接著把他厚重的拳頭搭在我肩上，對我推心置腹地說：「那好，小子，我會親自教你。你今天晚上八點得在我組織大一新生船隊時到船塢來，這是經我特別邀請的人才能來的聚會。」

我等不及到博覽會結束就先打電話給我爸媽，自豪地宣告我被徵召進了大一划船隊。這個宣告使得故事的續篇更為尷尬。當我在晚上八點到達指定地點時，我發現自己處於滿屋子一百多個跟我一樣來參加大一划船隊的新生中。確實，大家都是經過特別邀約而出席聚會。但布拉克爾沒提的是，基本上他邀請了一整班那麼多的人數。其實，他不僅這次這麼做，而是年復一年都這樣。

在這裡易受影響的大一新生渴望關注和指引的時刻，他一一點名給予讚美。突然間，一百個學生，不論他們是否有著參加划船隊的理想身材，都發現自己身在這個介紹會上，挑選著是負責「右舷或左舷」，即使大多數學生分不出兩者有何差異。當然，很多學生撐不過第一輪練習，而且更多學生無法持續一整季。但重點是，布拉克爾給了他們嘗試的機會。有時，他會發現一塊未經雕琢的璞玉，例如曾有個參加大一新生划船隊的學生，最終入選為全球知名大學校隊的隊員。而且就算他沒有挑到適合的人選，但他不加選擇又廣為散播的讚美，幫助學生相信自身的潛能，因而提高了他們成就的上限。

（倘若你猜想我後來怎麼了，讓我先告訴你，我持續堅持到春天，一直到我的船卡在一個泊位下，然後我們船上八個人中有六個人吞進過量查爾斯河的髒水，無法繼續競賽後才停止。但我為自己曾參加過划船隊而感到自豪。）

當我們試著提升別人時，往往太常專注於他們過去的成就和成果。但是讚美也可以成為未來成就的燃料，能使我們相信自己有向前邁進的潛能。換句話說，我們不僅需要讚美過去的努力，也要讚許未來我們得以獲致的成就。

有一個辦法能實踐這個想法，那就是採用布拉克爾教練的戰略：賦予別人某些特質以預測他們未來的某些潛能。比如說：「你在這裡會成為一個傑出的領導人，因為你非常關心公司。」或是：「你會成為划船隊的靈魂人物，因為你看來強健有力。」且不論我的個人經驗，當這類讚美真實可信時，效果更好。不過一般情況是，人們會把「愛公司」和「運動員的體魄」這些稱讚之詞跟自己的自我定位結合起來，因而強化那些能使他們成為更好的領導人，或在划船隊中占有一席之地等所需要的特質。

藉由提升別人並幫助他們看到自己的價值，我們可以將他們轉化為光的稜鏡，進而去讓身邊每一個人更進步。那樣的力量，就是付諸行動的大潛能。

第六章
上一堂黑魔法防禦課：抵抗負面能量的攻擊

我父親是神經科學家。所以正如所有神經科學家的好兒子一樣，我放給我兒子看的第一部電影，就是《腦筋急轉彎》。這部電影邀請了在加州大學柏克萊分校的神經科學家達謝・凱爾特納（Dacher Keltner）擔任諮詢專家，影片中風趣又尖刻地將憤怒、恐懼、厭惡、悲傷和喜悅這五種情緒擬人化，內容是在說一個名叫萊莉的女孩離開老家的朋友，搬到舊金山後，它們如何在她的腦中爭權奪利。（在一場凱爾特納的演講中，我聽他說原來還想要有其他的角色，像是敬畏和羞愧，但皮克斯說五種情緒已經夠難搞了。）

我給李歐看這部電影的目的，是想幫助他了解為什麼自己會感受到不同的情緒，同時也為這些情緒命名。而且正如任何一個典型的快樂研究員一樣，我特別興奮地要介紹他認識「喜悅」這個角色。

看過電影一星期後，我跟李歐去塔吉特百貨的玩具區「拜訪我們的朋友」，（意思就是，我們在那裡跟它們玩了一會兒，但沒有買任何玩具。）然後突然間我看見《腦筋急轉彎》裡一些毛茸茸的角色。我興奮得大喊：「李歐，快看，是『喜悅』！」他的眼睛睜得大大的，然後興高采烈地伸手去抓喜悅旁邊的填充玩具，大聲喊著「悲傷！」我心想，哦，不會吧！我又一次熱切地指著喜悅，但他完全不理我，只是緊緊地依偎著悲傷。我意識到這個時刻的珍貴，從架上抓了另一個悲傷，而接下來五分鐘裡，一個快樂研究員跟他兒子盤腿坐在百貨公司的地板上，輕輕地把悲傷擁在懷裡。

這個短暫的時刻，正好可以說明本書最重要且最深刻的一個課題：有別於大多數人的想法，諸如悲傷、恐懼和憤怒等情緒，並不會阻礙我們通往大潛能的道路。恰恰相反：它們有存在的必要，而且也有用處。

我曾在演講中提過，快樂的相反不是「不快樂」，事實上，不快樂可以引發不可思議的正向改變：不快樂提醒我，我什麼時候感到了寂寞，需要求助於朋友；不快樂告訴我，什麼時候做的事有違我的核心價值；而且不快樂也會告訴我，我的工作什麼時候跟我該考慮的優先事項不一致。喜悅的相反不是悲傷，而是冷漠；冷漠讓人失去繼續追尋個人目標的能量。如果你失去了喜悅，大潛能的追求就變得既無意義也無用。

在一個事事順遂、眾人與我契合、工作又充滿樂趣的世界裡，我們可以經歷更多喜悅，獲得更多成功。當這些情況不存在時，我們便感到沮喪。對本書的某些讀者來說，最大的障礙莫過於相信我們自身擁有獲致大潛能的能力，但卻目睹這個世界似乎獎勵錯誤的事，而且甚至懲罰做對的事。

我們或許無力操控這個世界，但卻有力量捍衛這個世界良善的一面。我們可以停止等待一個完美的世界來支持我們追求大潛能。當我們經歷恐懼、憤怒和悲傷時，不必感到絕望。事實上，這些情緒都至關重要。只有當它們失去平衡，也就是當恐懼讓人癱瘓，當憤怒變成暴怒，當悲傷變為絕望時，才會衍生麻煩。關鍵在於，我們要保護自己，抵禦那些將我們推向瘋狂邊緣的力量。

在第二章裡提到的故事中，當野狼在黃石公園裡復育，水獺一定不會欣喜若狂。

但結果是，捕食性動物威脅的出現，最終竟增強了整個生態系統。正如疫苗的作用是透過引入病毒到我們的免疫系統裡，以幫助身體抵抗疾病；同樣地，在我們的潛能生態系統中引進威脅，就好比幫我們注射預防針來抵禦它們。這兩個例子都說明了，人生中看似負面的力量，有助於我們的系統變得更強壯、更健康。

本章是關於如何將那些負面力量轉化為堅毅和韌性的來源，讓你能在一個時而失衡的世界裡成長茁壯。

護衛情緒與能量的魔法防禦術

我在哈佛念研究所時，大多數時間都待在咖啡館裡寫作、思考和認識朋友。但當我想換換環境時，我會試試校園裡的圖書館。從法學院到設計學院，每個圖書館不但樣貌不同，給人的感受也不同。我開始注意到，我每次去哈佛法學院圖書館念書，離開的時候總會覺得沮喪、心煩而且筋疲力竭，但卻毫無緣由。哈佛法學院圖書館裡究竟為什麼莫名地會耗損我的精力和專注力，但在別的地方卻不會呢？

很快地，我從跟另一位研究生的談話中得到了答案。她在哈佛已有一段時間，還是領有執照的校園學習場地鑑定家。她告訴我，大多數大學部學生會去念書的懷德納圖書館，那裡是個「有著青春的樂觀和嚴肅的勤奮，還能讓不自在略為降低的愉快組合」——換句話說，這是個為遲交作業找到動力的好地方。她形容神學院圖書館為有著「簡樸嚴厲但暗藏著神啟的氛圍」，也就是說，適合撰寫主題恢宏的報告。她接著說，大學宿舍裡「如絲絨般滑順和甜膩」的圖書館適合發電子郵件和親熱。然而，法學院的圖書館「有著美麗的外表，但嚐起來卻尖刺、酸楚，還帶著苦澀的餘味。」這樣的特性她覺得毫無助益。她說的沒錯，法學院圖書館是全校最美的兩個圖書館中的一個，但去了幾次之後，我避之唯恐不及。箇中緣由將帶領我們回到大潛能研究的核心。

在第三章，我們學到大腦在情緒和社會關係感染力方面的設計和運作，還學到即便在社區裡只有一個正面人物在場，這個人會如何將正面積極「傳染」給社區裡的每一個人。研究也顯示，我們吸收消極、壓力和冷漠好比吸入二手菸一樣。僅僅是觀察某個緊張焦慮的人，尤其是同事或家人，就能即刻對我們的神經系統產生作用，將我們的壓力荷爾蒙皮質醇水平提高百分之二十六。

然而，來自陌生人的二手壓力也幾乎同樣有效力；受測人士觀看一個壓力事件的影片，儘管影片裡的人是陌生人，仍然有百分之二十四的人呈現壓力反應。此外，加州大學河濱分校的研究發現，若你看到有人很焦慮，而且也明顯地表達出來（不論是否透過語言），你會經歷同樣情緒的可能性就非常高。還有研究顯示，即使是交易所裡彼此有玻璃牆隔開的銀行職員，僅僅是看著房間另一頭某人的肢體語言，也能感覺到那個人的恐慌。

而且不可思議的是，你甚至不需要看見或聽見某人，就能接收到他們的壓力；你可以「聞到壓力」。新的研究顯示，壓力會產生特定的荷爾蒙，在我們出汗的時候釋放出來。而人類的嗅覺系統不但會注意到這些荷爾蒙，還能偵測出它們是低壓力或高壓力造成的結果。簡言之，只要我們身邊圍繞著負面且緊張焦慮的人，我們很快便會失去平衡，從充滿動力和正面積極墜入筋疲力竭和負面消極。

哈佛法學院在哈佛大學這個已是極度競爭的大學裡，名列競爭最為激烈的院所，它可說是負面、焦慮、沮喪和壓力的培養皿。在先前的研究中，我的同事莉絲・彼得森（Liz Peterson）發現，法學院新生的悲觀和憂鬱水平約為中等，但入學第四個月時則達全國平均水平的三倍。此外，對比商學院學生以每週開趴或舉辦社交聚會而出名，法學院學生每年則只參加兩次學院安排的社交活動，也因此導致更多競爭和更少人際連結。那也是為什麼，當你坐在圖書館，圍繞身邊的書架放滿皮面精裝的法律辭典和厚重的判例法時，你不需要為了律師資格考試而奮力K書，就能接收到那些對你的動力和生產力施加的視覺與嗅覺攻擊。如果我們無法有策略地對抗這些攻擊，光是跟那些散發競爭性和壓力的人身處同樣的環境，就能減損我們的潛能。

人們每時每刻都高度暴露於別人的情緒和行為中。我們一整天在開放式的辦公室裡，接收同事焦慮不安的負面能量。我們不斷吸收新聞裡令人沮喪和引發焦慮的信息，或是社群媒體上令人生厭或負面的評論。我們在地鐵、公車和飛機上，強烈感受到人們緊繃、急切的肢體語言。當今這樣的負面影響更甚於以往，我們的新聞高度偏向負面，我們在工作上和學校裡的壓力源創歷史新高，憂鬱症和焦慮症的比率巨幅上升。

此外，我們的生活中只要單一一個負面事件，就會使整個系統失去平衡。在《社群網絡的隱藏力量》（*The Hidden Power of Social Networks*）一書中，作者羅伯・克洛斯（Rob Cross）和安德魯・帕克爾（Andrew Parker）陳述他們深入的研究後提出：「工作上約百分之九十的焦慮感，是個人社交網絡中百分之五的人造成的。」也就是那些會削弱別人能量的人。哈佛商學院的研究也顯示，單一一個製造毒害作用的人所產生的影響，要大過團隊裡的一個超級巨星。這些有害的力量甚至會隱藏起來，滲透到我們的人際生態系統中，而我們卻一無所知。

所以，把這章想成是一堂黑魔法防禦課。正如任何一個哈利波特的粉絲都知道，有能力用魔法抵禦邪惡的力量是很棒的。我無法保證教會大家任何魔法，但我會提供五種策略，讓大家能抵抗、解除和克服那些對我們能量、創造力、熱情和潛能造成威脅的暴力：

策略一：蓋一條護城河。

策略二：搭建一座精神堡壘。

策略三：學習心靈合氣道的技術，借力使力。

策略四：丟掉煩惱去度假。

策略五：明白何時要有韌性，何時又該放棄。

我不建議你們將本章中的每種策略都一一嘗試，而是要先找到你覺得能立刻在工作上或家庭裡有效實踐的那一種；如果有用，就再加上另一種。像這樣，循序漸進地鍛鍊你的防禦力，一次只用一種策略，等每一種都完善後再繼續其他的。如果你只蓋半堵牆，侵略者只要繞過牆就能進來。

策略一：蓋一條護城河

聖米歇爾山是全球絕美勝景中的一個。我大學畢業後去巴黎學法文，在那裡我沒把語言學好，倒是成了饕客。有個週末，我去了聖米歇爾山島，日後電影《魔髮奇緣》裡的城堡和電玩《黑暗靈魂》的靈感都是來自島上的城牆。

百年戰爭時，有一小隊士兵駐紮在島上，他們人少，卻能抵擋更強大的英軍對他們的全面攻擊。這並不是因為這個部隊有極佳的戰術、高超的部署，又或是僥倖，而是因為那裡的修道院及社區座落在一個「潮汐島」上，這指的是，除了低潮那幾個小時之外，整個院區時刻都被大自然渾然天成的護城河所環繞。這可不是個又小又淺的護城河；漲潮時，這個護城河可上升到四十六英尺高！每天當潮水湧進，大水會將連接島嶼的小堤道吞沒，外界完全沒有進入城堡的通道。也就是說，這些士兵不需要一整天都在抵抗英軍；他們只要在低潮那幾個小時裡集合軍隊和精力對抗攻擊即可。潮汐護城河之於我日常生活中所用的那種護城河正是最恰當的比喻。

我們生活在一個因科技而能與人產生更多相互連結的社會，然而，正當我們與人連結的媒介成倍增加，我們的快樂程度卻減小。這是因為我們現在只要透過指尖，就能即刻取得無止境且不斷得到補給的負面信息：包括從手機的新聞應用程式，到我們不斷滑動的推特新聞訂閱和臉書頁面，到信箱裡的電子郵件，而我們許多人都就此上癮。

正向心理學的研究人員已經知道，聽到負面新聞會對你的壓力水平產生即刻影響，但我跟蜜雪兒．吉倫與阿瑞安娜．赫芬頓合作進行的新研究顯示，這些影響會對我們的動機和潛能造成極大的損害。只要在早上收聽幾分鐘的負面新聞，你一天中整個情緒走向就會受到影響；我們的研究揭示，早晨只看三分鐘負面新聞的人，六到八小時後表示，他們那天不快樂的可能性會提高百分之二十七。這就好比每天早晨吃一顆毒藥，然後讓你整天的努力、能量和互動都受到更大的毒害。

當你的情緒很糟時，你的潛能就會降低。為什麼呢？首先，大量的研究顯示，負面情緒會影響營業成果；當消極負面的人面對需要解決方案的工作時，他們會更早感到疲倦、更快放棄，而且想出正確答案的次數更少。其次，接二連三的負面新聞所展現的世界圖像讓人恐懼，不論是看到股市跌落五百點，或是海嘯夷平某個海濱城市，抑或是伊斯蘭國發動攻擊，而我們身在其中卻無能為力。在心理學裡，這種自認為個人行為在面對挑戰時毫無助益的感受，稱為「習得性無助」，而且這種無助感總是與低表現和罹患憂鬱症機率增加等情況相關聯。

而且負面訊息的來源還不僅限於傳統的新聞媒體，還有客戶傳來讓人倍感壓力的電子郵件、打電話來發牢騷的同事、會議裡暴烈的上司，和臉書上悲觀的朋友。社群媒體像是二十四小時不關機的新聞頻道，而它的內容甚至不必是負面消息，就能讓我們沮喪或苦惱。比如，當你在辦公隔間裡辛苦工作時，看到朋友痛快度假的相片；或是你仍在找尋真愛時，在推特上看到一位新婚朋友上傳的短信；也或者是從 LinkedIn 上的最新消息得知，一位朋友剛得到你也想獲得的升遷；也有可能是在你還沒收到任何大學入學許可時，你的朋友在臉書上PO出拿著大學入學通知的開心照。我們想為朋友高興，而且當我們心態良好時，通常是會為他們感到高興；但當我們心力不足，就容易受到諸如羨慕、怨恨和憤慨等有害情緒的影響。

這些威脅在我們身邊無處不在，所以我們需要找到方法保衛自己的城堡。有一個超級簡單的策略，就是為你例行日程蓋一條護城河，而且方法要越簡單越好。以下是我大力推薦的方式，那就是：在早餐或清晨的咖啡時間前不看任何媒體，睡前躺到床上後也一樣。我所謂「媒體」指的是新聞、電子郵件和社群媒體的新聞訂閱，都不從你的電腦、手機、電視或任何其他管道取得。就像聖米歇爾山一樣，這是一條在你一天中最脆弱的時刻能保護你的「潮汐護城河」。你剛起床時，血糖低，人昏昏沉沉，還處於半警醒狀態，你無法運用全部的精力抵禦負面影響的猛烈攻擊。晚上也是一樣；當大腦從白天過度到睡眠時間，如果暴露在負面新聞裡，大腦會在你試著進入睡眠狀態時轉向害怕和焦慮的情緒。

這個護城河防線的好處在於，你只要幾秒鐘就能蓋好。基本上你除了抵抗誘惑之外，什麼事都不必做。首先要戒除你一起床就查看手機訊息，還有握著手機入睡的習慣，這或許很難，但相信我，你越試著去改變，就越容易成功。習慣的養成和破除，都要透過行動。

當然，建造一條護城河並不能讓負面影響消失；它只能暫時抵擋，給你時間去建立防禦工事。所以除了在你的日常生活中建造一條屏蔽媒體的護城河之外，試試下面這四種有研究支持的簡單策略，讓自己能夠抵抗接連不斷的負面新聞。

・關掉警訊提示

把警訊提示關掉一個星期，試著讓收聽新聞成為你主動的選擇，而不讓自己被發出嗡嗡聲或嗶聲的手機所奴役。同時也

當智慧型手機取代孩子的泰迪熊

研究顯示，不論是正面或負面的媒體都會讓你的大腦回復醒覺狀態，每晚失去平均近一小時的睡眠，這也是為什麼美國國家睡眠基金會目前推薦我所描述的那種媒體護城河，也就是說，在你想睡前三十分鐘把所有的科技媒體都關掉。

在知名期刊《美國醫學會小兒科學期刊》的一篇研究中指出，如果一個小孩在睡前暴露於平板電腦或手機的亮光和聲響中，這種情況會破壞他們的生物節律，以及讓大腦靜下來得以入眠的能力。不幸的是，六歲到十七歲的兒童和青少年中，有百分之七十二都帶著手機入睡。智慧型手機已經成了現代版的泰迪熊，對我們的孩子在學校裡的精力、注意力和優異表現造成嚴重的損害。

關掉手機或電子郵件的推送提示。

即使傳來的不是負面新聞，但這些警訊提示會把我們的注意力從當下抽離，讓我們無法專心於工作、親友相聚的時光，或是偷閒用來重新聚焦和再充電的幾分鐘安靜沉思。你收到的警訊提示越少，你花在抵抗這些分心事物上的心力就越小。別害怕自己會錯過什麼訊息；若真有什麼重要的事情發生，你很快就會知道。

• 遠離噪音干擾

我們活在一個吵雜的世界。當我們受到周遭各種噪音轟炸，就很難聽清楚各自生活中的信號。

我在《幸福原動力》（*Before Happiness*）一書中曾提到，如何運用如同在飛機上戴耳機消除噪音的同樣概念，以透過冥想的方式來消除腦海中喋喋不休的負面思緒。或者，如果你習慣在工作的路上開車或聽廣播或播客節目，也可以試著在通勤時的前五分鐘先關掉這些節目，來減少你生活中的噪音。之後，當你再次打開廣播或播客節目時，每聽一個節目，至少把一組廣告轉成靜音。

・戒斷會議成癮

毫無意義的會議是精力與生產力的黑洞，為許多團隊和公司帶來困擾。但我們怎麼知道哪些會議是需要消除的噪音，而哪些確實具有成效又必要呢？你可以效法多寶箱（Dropbox）的領導人所採行的方式，他們毅然決然在兩星期內，取消所有重複出現的會議。雖然他們知道無法永遠戒除會議，但這段「排毒」期讓他們能打破常規，客觀地評估每個會議的價值。

這好比戒糖一個月，以便弄清楚你究竟需要哪些種類的糖分以產生能量和營養，而又不需要哪些。在其後兩年裡，多寶箱的開會時間越來越短，而且許多員工認為這樣做的成效越來越大，公司員工的人數更成長為原來的三倍。

・創造自動過濾器，篩選負面新聞

約翰・斯蒂克斯（John Stix）是一位加拿大籍的企業家，讓他致富的產業是電信業。他跟許多父母一樣，也為孩子暴露於網路上的有害信息感到困擾。然後他明白了科技或許是這些問題的根源，但它也能提供解決的方法。所以他利用自己在科技方面的知識，創造了一個叫作「兒童無線傳輸系統」的裝置。它看起來像是你可以插在牆上的夜燈，但其實是個應用複雜算術的高科技路由器，用來監控和過濾任何鄰近的裝置所傳送不利於兒童的信息。

如果我們有像這樣的設計來過濾負面新聞多好，那樣我們就可以連到CNN.com，選擇我們要的負面與正面新聞比例，而不必為了求知而需親自逐一篩檢關於戰爭、自然災害和其他形式的恐怖圖像和苦難新聞。我希望讀本書的某位讀者，能把這樣的發明創造出來！

策略二：搭建一座精神堡壘

二〇一六年六月十二日，一個罹患仇恨之癌的男人，把他的憤恨發洩在奧蘭多市帕絲夜總會的群眾身上。這是美國史上死傷最慘重的一件大規模槍擊案。在暗夜時分，許許多多受害者湧入該市唯一的一級外傷中心——奧蘭多健康中心。

在這樣駭人的夜晚，只有一份恩賜，那就是奧蘭多健康中心的全體員工，對難以想像的意外有相當的準備。這些醫生和護士處理過數不清的悲劇和意外，練就了純熟的技術，更別說多年來的醫療知識訓練，讓他們知道在危急狀況中該如何應對。但同樣重要的是，他們在心理和情緒上也都準備就緒，因為他們已經發展出一套心理訓練，幫助他們在面對難以估量的壓力和悲傷時保持平靜、專注工作，也懷抱希望。

在槍擊案發生的前兩年，奧蘭多健康中心的領導階層決定提供全體醫護人員和職員「正向習慣介入」的訓練。他們邀請我為全機構的員工，從護理人員到管理階層，開辦了兩場訓練班，作為這項倡議案的開場。然後他們雇用橘色青蛙的培訓師，圍繞著我在第四章所描述的寓言故事，來為健康中心編創一個社交敘述。因此，資深員工決心在會議一開始時不談管理上的問題、資源匱乏的困難或是情緒上的壓力，而是從感恩開始。每次會議一開始都先討論他們感謝的事情，這樣的心理訓練幫助他們建立了一座心理韌性的堡壘，這讓他們之後在照顧帕絲夜總會受害者時，心靈得以有所依靠。

槍擊案後，他們打電話告訴我，在全社區目睹了最慘烈的悲劇次日早上，他們勇敢地用感恩的心情開始那天的會議。他們感謝能夠參與協助救治傷者，感謝全國各地湧現的愛，感謝能有可以哭訴的肩膀。在這個壓力、驚嚇和憂傷可能將他們撕裂的時刻，感恩讓他們凝聚在一起。我邀請資深員工製作一支錄影帶，展示這些介入措施如何幫助他們在面臨悲劇時始終堅強，還有社區民眾如何在他們身邊給予支持，並幫助他們為團隊重寫槍擊案所引發的內心衝擊。你若造訪positiveresearch.com，可以看到這支錄影帶，並學習如何在美好的時光或艱困的時刻，書寫這樣充滿意義的故事。

在軍事上，堡壘是落敗的那一方在情勢惡化時能撤退的地方，也是一個萬一發生攻擊時能有重重守衛，也有充足儲備的地方。為自己建構精神堡壘是個休養生息、養精蓄銳的練習。天天練習感恩就是建造精神堡壘的一個例子。

接下來，還有其他幾種方法，讓你能練習自我防衛，以抵禦壓力、逆境或悲傷。

- **每星期選一天回想該週三件正面的事**

我若有一天過得不好，或是感到特別沮喪、心情低落的時候，就會試著回想過去二十四小時內發生的三件好事。這項練習不僅幫助我的大腦準備好開始再度正向思考，它也提供我迫切需要的心理強化，來應對這個世界當天可能發生的任何情況。

幫大腦做好樂觀的準備，不僅能為你打造增強韌性的精神堡壘，新的研究還顯示，讓別人反思生命中發生的好事，也能幫助他們提高成效。

你可以跟家人或團隊一起試試這個方法。選一天——比如說「感恩星期四」，然後像儀式般，每次都回想過去一個星期中發生的三個正面事件。

• 用正面能量開啟對話

研究顯示，一段對話中最開始的評語經常能預測結果，所以我們需要技巧來調和互動中某人開始的憤怒、緊張不安或好鬥的語氣。正如傑出的研究員蜜雪兒，正巧她也是

越想越快樂

在一個富有創意的實驗中，劍橋大學的喬瑟夫．錢瑟勒（Joseph Chancellor）與加州大學河濱分校的克莉絲汀．雷佑斯（Kristin Layous）及索妮亞．柳波莫斯基（Sonja Lyubomirsky）在日本的一家公司進行了一項為期六星期的研究。研究過程中，公司員工戴著特製的社會計量名牌，來測量他們一天裡的活動和人際互動。

結果，經隨機抽樣分派而必須每週詳述三件正面事件的員工，六週後不僅顯得更快樂，精力也更加旺盛，更快速地完成各項工作！這些人每週只讓大腦專注十分鐘在生活中正面的經驗，就能更加精神煥發、更有行動力、完成更多工作，因而得以提早下班。

我的太太，在《散播快樂》中所建議的，你可以透過創造「有利的引導」來定調，繞過負面交鋒。例如，試著別一拿起電話就說：「我實在忙得不可開交」，或是「真受不了這個星期。今天是星期五了嗎？」而是一開始先深吸口氣，然後說：「很高興跟你講話」，或說：「我很期待彼此的合作。」

又或者，對一個不斷用緊張的非語文表達方式煩擾你的同事，你不必用同樣緊張的痛苦表情回應，而是用微笑或點頭表示理解。同樣地，每當有人問「你好嗎？」試著忍住想抱怨的衝動，而以如「今天一切都很順利」，或是「我真不敢相信外頭這麼美」，這樣令人振奮的話回應（只要你的回答是真誠的）。這個簡單的技巧能給你力量，將對話的基調轉為正面，甚至不給對方機會去用預設的負面或消極性話題開啟對話。

•正念能提升生產力

胸懷遠見的公司願意為獲致卓越承擔風險。我們曾跟隨時準備好冒著各種風險進行財務投資的公司合作——像是願意接收「有毒資產」的銀行，到願意對失敗的公司投入一百萬美金賭注的避險基金公司。但對於員工每天「投資」兩分鐘專注在觀察自己的呼吸這個想法，他們的領導人仍是躊躇不前。在我跟蜜雪兒在各種會議上做的共九百多場演講中，只有兩次聽到資深領導人敢於提及正念覺知的好處。

「做得快一點，就會事半功倍。」這是短視且只求規避風險的公司採取的解決之道。真正有前瞻性的領導人明白，「讓員工慢下來」其實是創造高產勞動力的一個最佳策略。安泰保險金融集團是率先在職場上成功應用正向心理學的公司，他們從教導員工如何透過冥想和瑜伽來安住身心的訓練課程中，發現大約一萬五千名參與課程的員工（人數超過公司員工總數的四分之一），每週為公司平均提高六十二分鐘的生產力，換算之後，大約每位員工每年為公司提高生產效率達三千美元！

而這個數字甚至還低估正念覺知的底線價值，因為它並不包含員工的積極投入，對營業額、再次雇用員工的花費、再訓練的花費、客服的成本，以及直接面對客戶的銷售等方面的正面影響。我的好朋友海蒂・漢納（Heidi Hanna）是美國壓力協會的負責人，她經常說：「壓力是能量的信用卡；你不但必須還清，而且還得加上利息。」對她的話，我還要補充一個必然的結果：正念覺知是韌性的信用卡；你花得越多，你在月底收到的回饋就會越多。

別以為我是要建議你每天抽出三個小時盤腿坐在硬板凳上，口裡唸著咒語，根據研究顯示，一天僅僅數分鐘的正念覺知訓練就能達到顯著的效果。應用正向心理學研究中心的艾咪・布蘭克森（Amy Blankson）針對谷歌新進人員進行一項有趣的先導研究發現，每天僅冥想兩分鐘並寫感恩日記的新谷歌人，要比沒這樣做的人積極性更高。如果冥想的這個概念讓你卻步，又或「不是你的菜」，那麼試著每天花兩分鐘，單純觀察自己的呼吸，安住在周遭環境中。

策略三：學習心靈合氣道的技術，借力使力

我跟我的團隊過去幾年裡做的研究發現，將壓力視為威脅，會大大提高它對身體的負面作用，而且對我們的創造力、生產力和普遍效能造成嚴重損害。壓力實際上能激發而非削減我們的潛能。

我們與史丹佛大學身心實驗室的艾莉雅・克拉姆（Alia Crum）以及耶魯大學情緒智能中心創辦人彼得・沙洛維（Peter Salovey）為投資銀行瑞銀集團所做的一項研

究發現，若領導人能讓團隊成員對壓力抱持正面心態，將其解釋為挑戰而非威脅，參與的員工體驗到的負面健康效應會下降百分之八，同時他們在接下來的三個星期中工作效能也提高百分之八。

我們能如何重新詮釋壓力？艾莉雅跟她的父親湯姆斯．克拉姆（Thomas Crum）發展了一個絕妙的技巧。他們兩人都精通合氣道這門武術，這種類型的打鬥不是去阻擋對方的攻擊，而是借用其力道，將其衝力轉向。他們把那套武術轉化為心理防禦術，關鍵是放下想要阻斷或否定壓力的念頭，重新將它導為正向。

你也可以在生活中應用心靈合氣道。為了將壓力的推動力轉向，從「使人無力」轉為「使人精進」，你首先必須了解，深植於每個壓力根源的其實是「意義」。根據我們在耶魯和瑞銀集團的研究發現，當我們與意義分離時，壓力的負面效應要升高許多。

你是否曾注意到，不在乎自己工作乏味的人，似乎從來不會因為工作而感受到壓力？而你是否曾希望自己也是其中的一份子？我猜你沒這樣想過。即便在最糟的情況下，有壓力也遠比不投入工作和冷漠無感來得好。

你可以這樣想：如果你信箱裡的垃圾郵件已經多到爆了，你完全不會有壓力，對吧？對你來說，那些電子郵件就算永遠癱在你的垃圾郵件檔案裡都沒關係。但如果你的信箱滿是潛在客戶的來信或是親友來信，你就緊張了。你哪有辦法及時回覆所有的信件？只有當我們對一些事情在意時，它們才會讓我們有壓力。

所以，如果你注意到自己開始為了某事而感到壓力，問你自己「為什麼這個很重要？」想想你為什麼在乎。必要時就把答案寫下來，然後把那張紙條貼在你的電腦螢幕或冰箱上，時刻提醒自己。我記得我還是學生的時候，當我失去做報告或準備考試的動力而停頓下來，我會提醒自己為什麼在乎那個科目、我的成績，還有我的學習，然後我的精力就會再次迸發出來。你的大腦不喜歡浪費能量，如果它忘了為什麼某件事有價值或有意義時，它就不會再對這件事投注寶貴的能量。心靈合氣道就是要將那股能量轉化到對你有意義的事情上。

一旦你重新連結上壓力背後的意義，也能馬上高效地引導那股能量。正如《輕鬆駕馭壓力》的作者凱莉．麥高尼格所言：「追逐意義對於身體健康而言，要比試圖逃避不安來得有益。」在每個壓力源的背後潛藏著你關心的事；你可以奮力對抗，也可以善加應用，來作為你能量和動力的來源。

‧讓挑戰成為自我提升的機會

我總是會接到許多公司領導人來電話，說他們的公司正經歷許多改變和壓力，他們知道這樣的情況會降低他們的效能、趕走頂尖人才，還會破壞他們的團隊。遇到這種情況，我通常會告訴他們去想想軍隊。在那裡，壓力和不確定性是家常便飯，但凡員工上船、搭機或乘車都不是去海灘度假，而是去訓練營報到。即便如此，美國軍隊仍是全球效率最高、最堅定且最忠誠的機構。那是因為軍隊深知根據數百年的訓練歷史顯示，若你透過正確的觀點，以及和同袍一起經受壓力，就能創造有意義的故事和社會關係，讓你後半輩子回味無窮。

軍隊文化不視壓力為威脅，而對壓力為集體所創造的共有韌性引以為傲。這跟他們是軍人這件事毫無關係；每個公司和團隊若將壓力視為盔甲，而不是集體毀滅的武器，就能將壓力轉化為潛能的源泉。

當我們獨自感受壓力，它會具有毀滅性；但若將那股能量引導至提升他人，那就能讓負面效應消失。兩年前，我跟HBO合作製作了一支紀錄片，名為《運動風雲錄：退役人生》（*State of Play: Happiness*）。在片中，我們探討如何在一個難以討論正面情緒，且團隊成員經常身處高壓的文化裡，創造強韌的社交支持系統。

在紀錄片的前半段，我們檢視國家美式足球聯盟，來了解人們如何在這樣的機構裡創造快樂。在這裡，球員平均職業生涯只有三．三年，不但環境裡充滿激烈的競爭，受傷機率高，而且許多人認為那些球員很能硬撐，所以不該討論情緒這個問題。在影片的後半段，我們檢視美國的海豹部隊，它是軍隊中最精英的一個部隊。在軍中，光是承認自己的情緒就讓人覺得不可思議，而他們受傷機率和死亡機率也都很高。在這兩個實例中，我們發現，他們超高水平的團隊合作、投入和忠誠背後的祕密，不只在於壓力本身，而在於他們投注在幫助彼此克服壓力的努力。

例如，麥克．史垂瀚是曾為紐約巨人隊效力的前足聯四分衛，他告訴我，他表現最好的那年，是在他決定專注在「享受身為團隊成員」這件事，也就是在隊員表現優異時支持他們，而不擔心自己是否會因為受傷而必須退役。在聽了海豹部隊和其他足聯球員類似的感受後，我們便明白了任何公司和機構都得以借鑑的教訓：我們需要幫助團隊將壓力視為集體的挑戰，而非個人的負擔。

紀錄片上映一年後，我有機會訪問仁人家園的執行長喬納森・雷克福德（Jonathan Reckford），向他學習如何打造並維護一個將挑戰作為積極動力而非否定挫折的文化。他告訴我，每年有成千上萬人為他們機構的使命所感動，並為自身想改變世界的渴望而登記做義工，這種激情很像投身軍隊一樣。然而當那些義工發現各種繁文縟節，或資源匱乏，或碰到阻礙，就會覺得沮喪。他們開始感到這個機構或整個制度阻斷了他們的熱情，因而退出。

但有些義工並不認為資源匱乏會對他們造成妨礙，反而認為那是開發自我潛能的挑戰，因而自問：我要如何充分利用這些有限的資源？我要如何繞過那些繁文縟節和其他障礙？或更積極地思考，我要如何支持這群志同道合的人，一起投身於創造更美好的世界這樣的挑戰？雷克福德說，身為執行長，他的工作就是啟發和訓練領導人和他們的團隊改變觀點，重新視壓力源為團隊合作及動力的燃料，而非就此打退堂鼓。

所以，你如何將這個例子用在生活裡呢？首先，如果你發現自己處在一個充滿壓力或高風險的狀況，問問自己：「誰跟我同在這個戰壕裡？」你總是會找到某人是跟你處於同樣掙扎的境地，不論是同事、同學或甚至是你不認識，但透過你的人際網絡或互助小組結識的人。提醒自己不該獨自承擔你的負擔，而是自我挑戰去做你能幫助這些人的事，這樣做能重新建構威脅，使它成為強化你同理能力的機會，也增強你支持系統裡的關係。

其次，注意你談論生活中壓力事件的方式。當你回到家，要避免談及工作上的責任讓你心煩、沮喪或招架不住等這些負面的感受，而是多提它們為你建立新關係、學習新事物和提高個人潛能帶來的機會，你表達的方式會慢慢影響你自己和身邊人的態度和觀點。

・在面對壓力與失敗時互相扶持

另一種形式的心靈合氣道與我們重新詮釋失敗的概念相關。正如對待壓力一樣，我們許多人視失敗如同瘟疫一般，避之唯恐不及。但事實上，若處理得當，失敗也能是能量和動力的來源。

史丹佛大學的研究員卡蘿・杜維克（Carol Dweck）在如何透過心態預測潛能，

特別是涉及成功和失敗方面，做了開拓性的工作。她發現當孩童將失敗視為成長的跳板（也就是「成長心態」），他們就比較有韌性，不容易灰心，而且比那些認為失敗就是毀滅，就代表自己天生缺乏聰明才智的孩子（也就是「固定心態」），更能長期且努力堅持。

而在另一項她跟凱拉・海默維茲（Kyla Haimovitz）合作的研究，她們探討這兩種心態如何相互關聯。結果是，固定心態可能比成長心態更有「傳染性」；特別是他們發現，如果家長對世界抱著「失敗是成功之母」的心態，孩子未必也有同樣的心態。但若家長抱著「失敗會讓人一蹶不振」的想法，孩子接受這樣觀點的可能性明顯較高。換句話說，你越能學習將面對失敗視為人生必然的挑戰，就越能更好地保衛自己和身邊人的潛能。

這個策略並非要為工作或生活中刻意製造壓力或刻意失敗背書。在大多數的工作與生活裡，逆境已經夠多了，不需要刻意營造。相反地，這是關於接受無法避免的壓力，並用有建設性的方式將其能量轉向，而方法就是跟彼此互相支持且共體時艱的人一起經歷壓力，將壓力詮釋為激發潛能的挑戰。

•留意「都是因為我！」的負面錯覺

二〇一六年十月，我受邀到南加州，為美國銀行的避靜活動在傍晚時分做一場演講。因為我知道很多這些銀行家來自紐約和芝加哥，也就是那個時間對他們來說比平時更晚，所以我盡力吸引他們的注意力——或至少讓他們醒著。

剛開始一切似乎進行得很順利，但演講快結束時他們逐漸顯得分心：有些人開始看著手機，其他人開始互相耳語……等等。我不知道該如何解讀當時的狀況：他們累了嗎？我的演講太無聊而讓他們不感興趣了？或者，他們是懷疑論者，彼此耳語著為什麼不相信我的研究？在那脆弱和不安的時刻，我斷定以上三種情況都有。我決定要重新吸引他們的注意力，便把演講加長十五分鐘，在這段時間裡我用了一些總能吸引觀眾的素材，但那似乎只讓他們更斷線。

最後，我放棄了。既挫敗又喪氣的我走回旅館，在大廳的吧檯邊看到所有的聽眾都圍在電視機前面。結果是，電視上正在播放世界大賽的第七場比賽，芝加哥小熊隊對克里夫蘭印地安人隊，克里夫蘭才剛在第八局跟芝加哥打成平手。我終究沒有搞砸我的演講；他們只是想盡早離開會場，來見證這個棒球史上的重要時刻。我完全誤判了當時的狀況，因而使問題加重——包括我自己的壓力。

我們會有那麼點自我中心是人性使然，會認為自己就是問題的起因，是玩笑的對象，或是一屋子棒球迷在世界大賽決勝賽那晚看似分心的緣由。但我們對於這類情況的解讀時常是負面的錯覺；我們錯誤地感覺到一個根本就不存在的威脅。

我們要留心生活中的「負面錯覺」。或許，那個在派對上你認為魯莽的人只不過是害羞。或許，那個你認為懈怠的同事在私生活裡有令他憂鬱或掙扎的事。或許，那個你剛認識的人並不是對你怠慢，而實際上他是對你感到害怕。當你抓到自己用最悲觀的想法來解釋某人的行為時，自問是否有可能正在發生的事其實是完全不同的情況。僅僅是多想出另一個解釋的可能性，就能防止你陷入胡思亂想的窘境，讓你把心思用在更能收效的地方。

策略四：丟掉煩惱去度假

從小就有人告訴我們，不應該逃避問題。但身為快樂與潛能的研究人員，我反對這樣的觀點。你當然應該避開問題，至少，是要暫時迴避。站在第三者的角度看自身的問題，其實會幫助你得到最具競爭力的優勢。

近兩年來，我跟美國旅遊協會合作，進行他們「休假專案」的倡議案，這項紮實的方案檢視了休假對企業可能產生的影響。根據美國旅遊協會的調查，現今美國人與過去四十年間任何時候相比，休假時間少了很多，其中一個原因是美國人認為休假會讓上司對他們產生負面觀感，因而降低升遷或加薪的機會，但實情恰恰相反，休帶薪假其實會改善上司對你的觀感，因而提高加薪或升遷的機會。根據我們的新研究，用完所有帶薪假的人獲得升遷或加薪的機會，要比留下十一天或十一天以上帶薪假的人高出百分之六點五。

每十個員工就有四個人說他們不願意放假，因為他們工作根本做不完。然而，根據美國旅遊協會的研究，休假有兩個最大的好處，其一就是提高工作效能。還有，就算你不休假，你仍會有一大堆工作要做。但若你先騰出時間重新充電，你可以更快完成工作。

在《哈佛最受歡迎的快樂工作學》裡，我提到有研究證明，當大腦處於正向時，生產力會提高百分之三十一，銷售量提高百分之三十七，創造力提高兩倍，而收入也提高兩倍。在一篇基於我十年的研究而刊載於《哈佛商業評論》的後續文章裡，我的結論是：「在現代經濟中，最具競爭力的優勢是擁有正向且積極的大腦。」

不過，倒是有一個暗藏的不利因素得注意。去海灘度假、到義大利鄉間旅遊，或是探訪一位老友或親人，這些情況理應都會讓大腦更快樂或更正向，但事實卻未必如此。在上述那篇文章中，我提到有個來自荷蘭的研究顯示，「一般的」假期不會讓人在度假回家後就立即改善精力或提升快樂程度。但在後續的一項研究中，我跟我的同事兼遊伴，也就是我老婆——應用正向心理學研究中心的蜜雪兒．吉倫則發現，如果你聰明地安排假期，那麼有百分之九十四的假期確實會提高你的快樂程度和精力。尤其是我們發現，如果你是在下列的前提下去度假：

一，提前一個月計畫，而且為你的同事準備好你請假時要注意的事項（這樣你也不用應付他們抓狂的電子郵件）；

二，離開你居住的城市（越遠越好）；

三，找個熟知你旅遊地區的嚮導，可以帶你認識那個地方；

四，臨行前把所有的旅遊細節搞定（所以你不會因為要找限時機票或住房而緊張焦慮）。

如此一來，你的假期就極有可能帶來更大的快樂和精力，因而在工作上帶來更高的效能、表現和韌性。

如果這樣說還說服不了你，想想休假本質上就代表著立刻加薪！因為如果你是領死薪水，又不放帶薪假，那你只是在多工作的時間裡每小時自願減薪。

所以下次你發現自己為了休假感到內疚，以為這樣會被看成缺乏責任感，或覺得自己就是有太多工作要做，提醒自己要科學地看待此事。休假會提高你的工作效能和表現，加快工作升遷，而且如果安排得宜，也會讓你更快樂。

策略五：明白何時要有韌性，何時又該放棄

在《哈佛最受歡迎的快樂工作學》裡我說了一個故事，那是關於我早年在大學時

參與的一個實驗。

當年，為了換取二十美元的酬勞，我自願參加麻省總醫院的一項研究，他們告訴我，研究的目的是為了要了解老人跌倒的原因。他們不能把老人帶進實驗室，要求他們不斷跌倒，所以就付錢請窮學生來做這件事。

我到了醫院，對方讓我把反射器放在膝蓋和手肘上，然後要我在鋪著軟墊的走道上反覆來回行走，而實驗室裡幾乎一片漆黑。我每一次走下走道，就會有四種情況輪流發生：要不我腳下的地板陷落，然後我就跌倒；要不地板會向右傾，然後我就跌倒；或是綁在我右腿上的一條線會被拉緊，然後我會跌倒。你看出那個模式了嗎？如果這些情況沒發生，我就得故意跌倒。（我想這是要模擬老人如何才能故意跌倒？）

如果我聽起來有些怨氣，是沒錯。在接下來的三個小時裡，我在那個凶險的走道上來回走動兩百次。老實說，研究助理確實走進實驗室裡很多次，問我是否想停止實驗。我是想，非常想，但我還沒拿到那二十美元，這對當時的我來說是一大筆錢，所以儘管我身上開始冒出瘀青，我還是繼續跌倒。

實驗最後，主持實驗的教授現身，她告訴我，我被騙了。她說，這個實驗實際上是要測試跟經濟效益相關的韌性。即使我在實驗中任何時候喊停，也能拿到那二十美元，但他們很想知道我能堅持多久。結果呢，我是唯一一個笨到堅持整整三個小時的志願者。

過去這段日子以來，我們聽到許多談論關於堅持和毅力的價值，而確實有大量的研究將這些特質與工作表現和成就連繫起來。但我在這裡重複這個故事，是因為現在我認為這個事件儘管是堅持和毅力的完美範例，但卻非永遠是最好的行動方案。畢竟，我頑固地決心完成整個實驗造成我跌倒近乎兩百次，還浪費了三小時寶貴的時間，只為了拿到跟跌倒一次就能回家的人同樣的報酬。在工作和生活中，當我們在某條路上不斷絆倒、跌跤時，與其拍拍身上的灰塵再試一次，或許這正是時候自問，我們是否只不過走了一條錯誤的道路。

我明白，這個建議或許跟你對一本闡述如何提高潛能上限的書期待的有所牴觸，但當我們在某個目標上堅持太久，反而無法完成其他目標。例如，堅持三小時在那個跌倒的研究上，我失去了可以用來學習的寶貴時間。同樣地，如果你不斷追著一個拒絕你的潛在客戶，你有可能錯過好幾個會更有成效的會議。或是，繼續跟那個帶著負面心態而不願改變的人約會，你就錯過了獲得正向關係的機會。還有，持續把你所有的創意、時間和精力都埋進一個糟糕的工作裡，你就是在消耗可投資於發現更好工作的心理資源。

放棄的人有時卻是贏家。防禦力、韌性和毅力很寶貴，但那只在一定程度上。如果你試了本章其他所有的策略，但情況並沒有改善，那麼很顯然你得轉換跑道了。因為事實上有些情況是無法補救的。如果你在工作中一直不受尊重、不被看重，那麼你並不需要更強的防禦力，你要的是另一份工作。如果你處於受虐的關係中，你不需要注射抗壓疫苗，而是必須要離開。如果你每天早上醒來，心裡明白你目前的職涯規劃不會引導你找到你的北極星，那麼你需要的不是休假，而是嘗試另一條道路。而且，別再拖了，立刻就去做。當你在人生中挖的壕溝越深，你就越難從裡頭爬出來。

所以，儘管保持樂觀很好，但若你真的不快樂，而且你又有改變的條件，就別再逞強。我現在說的人就是你嗎？誠實面對自己吧！與其打一場會使你最終飲恨的敗仗，何不選一場有機會打贏的仗呢？

第七章

成為能吸引他人前往正能量的磁鐵：創造集體動力

布萊恩・歐康納（Brian O'Connor）是紐約州查帕闊村的一位五年級社會學教師。在現今太多家長慨嘆自己的孩子看太多電視的情況下，歐康納以令人驚異的方式提升學生的積極性……就讓他們看電視。

歐康納特別讓他的五年級學生看《CNN英雄》，這個節目簡要介紹許多各行各業對世界有各種貢獻的平民英雄。在每一集結束後，歐康納要他的學生找出並寫下這些英雄的特質，那些他們希望未來有一天自己能在生活中效法的特質。然後他更進一步要他的孩子們真的寫信給這些英雄，謝謝他們所展現的勇氣，並邀請他們來參加班上的「Skype派對」，一起為他們及其貢獻而慶祝。一開始歐康納以為不會有任何英雄回信，但不可置信的是，七年後，他的教室牆上貼滿了他的學生們跟這些傑出人物在Skype上視訊所拍的相片。

對歐康納來說，最美妙的是看見他的孩子們在為這些理當受到讚美的英雄慶祝和歡呼時，臉上迸發出的喜悅。但更重要的是：當孩子們為那些英雄慶賀時，他們自己也開始變成英雄，並為自己打造有意義的未來。一個普通的教師教學生關於英雄的故事；而一個超級巨星教師讓學生開始走上成為英雄的道路。

歐康納這樣的教師擁有一種特殊形式的磁性。大自然中最神奇的一個器物，是一種叫作「強磁金屬」的東西。在一般的金屬中，所有的電子會往各個方向任意旋轉，因而使能量彼此消解。但若有股磁力接觸到這塊金屬，有些電子便會開始往相同的方向旋轉。有越多電子往同一方向旋轉，就有更多其他電子加入它們，因而使集體能量增加。這種情況將一塊普通的金屬轉化為一塊強力的磁鐵。歐康納這樣的教師就像那塊磁鐵；這些人能將更多能量導往正向，也因此產生更多力量吸引別人與他們同行。

在本章，你會學到如何成為這樣的磁鐵，吸引別人並幫助他們將各自的能量導向自己的大潛能。

保持動能，與人同行，也與人同贏

牛頓的第一運動定律是：「運動中的物體會保持運動狀態」。若是如此，那我們為什麼卻很難在專業場合持續向前進呢？如果牛頓的定律是真的，一旦我們開始往目標方向移動，那個動能不是該不費吹灰之力將我們持續往目標推進嗎？

為了明白結果不盡然是如此，想像你去參加一場研討會，在那裡你因為一個新的想法、一位深具個人魅力的執行長、一項無私利他的倡議案，或甚至是一個稍微笨拙的快樂學演講人而感到振奮。你離開會議大廳時全身充滿能量，準備帶領你的團隊征服世界。但在你回到公司後，你開始感覺那股能量從你的身體和腦袋中流走，而你的動能下降到有如痛苦的爬行。很快地，你開始厭倦工作，會議中曾讓你極其興奮的一切都已忘得一乾二淨。因此，你的表現疾速下降。沒有動力將你持續往前推進，你不僅無法維持在運動狀態，還往反方向去了。

其中的問題不在於牛頓的定律不適用於職場，而是我沒有完整引用第一運動定律。整個定律是這麼說的：運動中的物體會保持運動狀態，除非受到不平衡外力的作用。也就是說，如果沒有正面的力量促使我們繼續，我們會因為生活中的摩擦和世界上不平衡的負面影響而慢下來。

現在想像你在那同樣的會議後回到辦公桌，然後一位熱情的同事要你告訴她會議的情況。你開始興奮地告訴她你學到的東西，你有的新點子，還有你在酒會上跟別人交流時聽到的有趣故事。突然間，你的大腦不僅重溫當時的經驗，將它們與現在連結起來，你還用了在會議上學到的知識，啟發了另一個人。而當你看到她的眼睛亮起來，還建議或許你們可以用你剛才描述的一個新點子來合作一項新計畫時，你可以感覺到自己的能量多麼具有感染力。現在，你自己的能量和動力都成倍增加了。

波士頓大學物理系在解釋牛頓第一定律所顯示的現象時，做了這樣簡明的描述：「外力的作用可以是正向或是負向：若外力帶有物體位移同方向的分力，那麼外力就會產生正向的作用。若外力帶有物體位移反方向的分力，那麼外力就會產生負向的作用。」

換句話說，沒有某種力量幫助你保持向目標前進的動力，惰性和俗世的紛擾便會使你慢下來。但當一股正向的力量拉著你時，你能輕易地匯集更多的能量和動力來推你向前，同時也增加你帶動別人同行的力量。

在自己的人際生態系統裡創造越多能量，就能開啟越多潛能。在本章，我會介紹三種實用的策略，讓你能將那股集體能量導往你目標前進的方向：

策略一：創造意義導覽。
策略二：想像成功的虛擬實境。
策略三：歡慶勝利。

前面我們提過的四條路徑已為成長的歷程「播下種子」，但為了讓成長持續，我們必須提醒自己大潛能是一個移動的目標，而非目的地。本章會告訴你，如何透過不斷提升潛能上限以創造正面動力的良性循環，來保持你迄今積累的進步。

策略一：創造意義導覽

傳奇的大衛營位於華盛頓特區北方六十二英里處，為世界領袖齊聚一堂仔細討論衝突、弭平摩擦、匯集精力提供了空間，為解決國際間某些棘手且緊迫的問題，在近代史上發揮著作用。從白宮搭直升機到大衛營只要二十五分鐘航程，過去幾任總統都使用過這個地方。雷根總統看中它質樸的寧靜，當他們需要從嘈雜的世界隱退再充電時，他們就會來這裡。卡特總統選它作為以色列和埃及領袖之間為期十二天祕密進行和平談判的地點，而簽署了歷史性的「大衛營協議」。有些總統幾乎完全不到此造訪，包括川普總統，他認為跟海湖莊園比起來，大衛營「太簡陋」了。但其他總統經常到那裡小住，像是小布希總統，他在兩期任內待在大衛營的時間有四百八十七天。歐巴馬總統則是第一位在那裡招待幕僚的總統，他為他們安排避靜和一日勵志演說，那也是我在二〇一五年很榮幸接到白宮的電話，邀請我去做一場演講的原因。

不知道為什麼，那天空軍一號和空軍二號都沒空來接我跟蜜雪兒，於是我們做了一個光榮的選擇：租一輛堅實的（但接近總統等級的）本田喜美轎車（Honda Civic）。（蜜雪兒在我一再開玩笑說開車去大衛營是我們身為公民的責任時，一次也沒笑過。）[1]如果你在谷歌地圖上搜尋大衛營，然後跟著它給你的路線走，你是找不

1 譯注：“civic”有「公民」之意。

到它的；因為在網路上故意給了錯誤的路線資訊。但我之前已經收到一封附有手繪地圖影本的電子郵件。

我不能再透露更多細節了，我只能說，如果你找對了路，可能會以為那條路要領著你去赴槍決。那條路帶我們走進一條四分之一英里的小徑，沿途只標示著一個比一個更嚇人的路標：「禁止進入」、「前方非道路，你非法侵入此地」、「非法侵入者得判終身監禁」、「非法侵入者將受槍決」，再來，「最後，你已非法進入軍用基地，當處以死刑」。接下來約一百英尺左右，有個小小的木牌迎接我們，它看起來像是個不太有藝術天分的八歲小孩在美勞課上做的作品，上頭寫著：「歡迎來到大衛營」。在我們的喜美通過嚴格的安檢後，我們身上的「走私品」（像是我的 iPhone）被沒收，留給了警衛室全副武裝的軍人。

我們的身分經過兩次或三次查證後，整個氣氛便輕鬆起來，接著一台高爾夫球車開過來，車上掛著寫有我們名字的標語牌。一位友善的軍人開著車，載我們去到一座美麗的教堂。我們在聆聽當天僅有的另一位講者說話時，緊張地等候著。這位講者是威廉・麥克雷文上將，他在海矛之神行動中擔任聯合特種作戰司令部司令，該任務成功擊甏賓拉登；此外，他還領導過大約上萬個其他任務（真的是這個數字）。在這個可能是我演說經驗中最難銜接的「開場演出」結束後，我接著做了演講，之後開放現場聽眾討論。那次討論中的回饋直指本章的核心。

對那天坐在大衛營教堂裡的每個人，包括從最資深的幕僚到以下各層級，他們都是臨時雇員。也就是說，不像我大多數演講中大多數的聽眾一樣，認為自己到隔年還會擁有當時的工作，教堂裡每個人都知道不論選舉結果為何，他們都會失業。他們要如何保持動力，帶自己抵達終點線，以免自己在中途便離職求去，將所有的能量轉向弄清楚「下一個工作做什麼」呢？

我可以看得出來，對他們許多人來說，要保持積極和專注已成了掙扎。所以一開始，我試著提醒他們原本這份工作有多棒這個方法，像是告訴他們，當他們任何人在打電話時都能說：「這是白宮的××打來的電話。」接著，我試著要他們回憶自己過去多想在賓夕法尼亞大道1600號工作，而他們又是多麼幸運能夠夢想成真。很可惜的是，我奮力想啟發他們，但我的努力得到的回應非常少，甚至沒有回應。

接著有一位幕僚說，他們總是會充滿渴望地瞪著在傍晚五、六點時離開辦公室的普通「老百姓」，看著他們在天暖時到史密森尼博物館間的國家廣場上嬉戲，而想到自己還得工作到最快九點才能下班，第二天早上六點又要回來上班時心中十分嫉妒。還有一位幕僚提到，身處各種壓力、工作負荷和政治內鬥中，她的工作看來似乎不再那麼酷了。看來，即使是在白宮工作，你也會失去熱情。

但接下來，我們意外發現了珍寶。當我問我的聽眾，有什麼還能引燃那個理想的火花，另一位幕僚舉手說，她非常喜歡為朋友或年輕的幕僚導覽，介紹這個崇高神聖的工作場所。她描述當她帶大家四處參觀，指出那些大幅的總統肖像，走過那些沸沸揚揚的走廊，帶他們參觀曾簽訂歷史上著名協定的典雅會議室，那些讓她熱愛這份工作的事物開始重新浮現腦海。

她說話時看起來，就像眼睛為了免受日常壓力的彈片射中而緊閉著，然後再次睜開。她一說完，教堂裡的氣氛隨即轉變。突然間，每個人都在點頭，而且一個接著一個插話，說導覽白宮改變了他們自己跟工作的關係。為什麼呢？因為描述在橢圓形辦公室幾公尺外工作是什麼感覺、為訪客展示白宮悠久豐富的歷史等行動，都讓他們再次跟自己工作的意義連結起來。單是看著賓客眼中流露的興奮和驚奇，就提醒了他們得以在白宮工作的特殊榮幸，而賓客眼中的驚奇也反映到了他們的眼裡。

或許我們很難相信，這些潛能極高的人才竟會從提供步行導覽這樣乏味[2]的事情上得到能量和喜悅。畢竟，這些人是授勳的將軍、經過國家最高安全檢查的幕僚，還有全球最高權力人士的高級顧問，他們平日的任務都要比帶著賓客參觀白宮來得重要太多太多。身負這樣重責大任的人，怎麼還會淡忘自己工作的意義呢？因為只有受到了不平衡的外力作用，運動中的物體或人才無法保持運動狀態。

我們大多數人不在像白宮那樣高風險的環境工作，但我們都有威脅著要耗盡我們能量的壓力和摩擦。我們太容易過度專注在一天中必須完成的任務，而忘了要接送孩子到處去是福報，有房子要打掃和要通勤上班是特權。我不是要掩飾這些責任帶來的壓力，我只是點出我們有更多任務時，我們就需要為它們找出更多意義。意義是那個促使我們不斷前進的「不平衡外力」，特別是在繁忙和緊張的時候。而「意義導覽」幫助我們跟各自工作的意義連結，或再次連結，以維持這個動力。

2　譯注：“pedestrian”原意為行人或步行者，亦可指平凡無味。作者表明在此有意一語雙關。

你不需要在政府高層或甚至你公司的高層工作，才能收穫意義導覽的效益。這些也不必像在白宮那樣，從事真正的導覽工作，關鍵只在於將你的「任務日程」（tours of duty）[3]轉化為「意義導覽」。

當有人問你做什麼工作時，很容易會從「任務」的角度回答：我是個審計員，我查核稅單上的問題；我是個研究員，我找出統計模式；我是個火車售票員，我只負責收車費……等等。當你這樣說時，你不但讓別人覺得很無聊，也會讓自己的大腦變得乏味。誰會去做一個「只是」任何事的工作而感到幹勁十足呢？正如耶魯大學研究員艾美・瑞斯尼斯基主張的，你認為職業「只是一份工作」、是賺取薪資的手段，又或是一個「召喚」，而讓工作有意義，這些不同的角度與看法，能預測你的積極性、成功和精力，乃至於你的潛能。

我認為再次與意義連結最好的方式，是為它創造一個「視覺敘事」。比如，邀請你團隊的隊員或家人寄給你他們去年拍的相片，相片裡呈現出他們認為最有意義的時刻，然後你把這些相片放進實體相簿，或在網路上製作相片集，讓這些時刻「永垂不朽」（有許多網站設計了十五到三十分鐘的簡易相本製作方式可以參考）。做這個有意義的活動不僅能為你和你的團隊打一劑能量針，還能為你留下持久的「意義紀念品」，在你一旦能量低落時能汲取燃料的能源。義大利詩人凱撒・帕維澤（Cesare Pavese）寫道：「我們不會記得每一天，但會記得每一個感動的瞬間。」你越常重新造訪這些有意義瞬間的記憶，便會獲得越多價值。其次，你讓別人參與意義導覽，便是使這項行動成為集體動力和能量的來源。

薩波斯（Zappos）這家公司就找到了創造集體動力的好策略。我曾受邀參加這家網路衣鞋商店為全體員工舉行的會議，而當我在機場降落時，一位要為我擔任當日導遊的客服中心員工來接我（看來，空軍一號跟二號那天也很忙）。

薩波斯邀請全球各地的企業領袖去參觀他們的辦公室，以了解薩波斯的魔力。但當這些領導人帶著關於如何創造正向公司文化的重要經驗離開薩波斯時，這個傳統真正的價值既光彩奪目又不為人知，因為這些參訪其實是意義導覽，它們的價值實際上是屬於薩波斯員工的。就像白宮的幕僚一樣，當薩波斯員工看見一小群一小群重要企

3 譯注："tours of duty" 原指任期或工作期，在此呼應導覽而有此翻譯。

業領袖走過他們的客服中心，對他們的效率驚嘆不已，受到這股正面能量的感染，或問道如何在他們各自的公司複製薩波斯經驗時，都提醒了這些員工，自己能在擁有這樣令人驚嘆的文化環境中工作是多麼幸運。

如果缺乏不平衡的外力，運動中的人不會總是保持運動狀態。但僅有能量，也不足以將我們推向大潛能。若想保持我們創造出來的動力，我們還需要一個明確的方向。即使它

兩歲孩童激發清潔隊員的大潛能

大潛能是關於借助別人的力量以實現更大的目標，而且當我們深陷生活的忙亂中，別人經常比我們自己更容易看到我們生命的意義。所以，我們要召集一些創造意義的人，來幫你看見自己錯過了什麼。

我兩歲的兒子現在對研究或科學沒什麼興趣，但他很喜歡垃圾車，而我愛他。所以每星期有兩次，我們會在清晨走出家門，站在巷口，期待瞥見他的偶像。當我們看見清潔隊員走來，他會入迷地看著他們打開一桶又一桶發臭的垃圾。

起初，清潔隊員似乎只是一如往常地忙著自己的工作，但他們一注意到李歐帶著崇拜的眼神看著他們，你可以看到他們就微笑了起來。突然間，他們的動作變得更有熱忱、更敏捷，而且經常會停在我們面前把垃圾壓緊，就為了聽見這個小小粉絲尖聲的歡呼。我喜歡這麼去想：這股額外的能量會陪著他們轉進另一條街道，接著又一條街道，或甚至當天他們回到家中孩子身邊時，那股能量還與他們同在。

帶你去到出乎意料的地方，找尋持久的意義……像是賭城拉斯維加斯。

策略二：想像成功的虛擬實境

大量的研究顯示，心理圖像能對我們的行動造成顯著的影響。牛津和劍橋大學發表的新研究就指出，你逼真地想像一個光明前景細節的能力，會顯著提高精力和動力，進而引領你採取有建設性的行動。當我們的心靈之眼能確實看清未來的樣貌時，它便能帶領我們往所展望的康莊大道方向前進。

這主要是因為若我們越逼真地將事物視覺化，感覺起來就越有可能得到那個事物。在《尼克勞斯高爾夫經典教程》（*Golf My Way*）一書中，高爾夫球傳奇人物傑克・尼克勞斯（Jack Nicklaus）極其細緻地描述了他「意念中的球賽」。特別注意了，他心中的意象有多麼逼真。那不只是「我想像那一球進了」，而是像他所寫道：

> 向來，我只有在腦子裡對擊出的球有著非常清晰、聚焦般的圖像時，才會擊出那一球，即使在練習時也一樣。那就像是彩色電影一樣。

一開始，我看見那球停在我想要它停下來的地方，它完美而潔白，位在明亮的綠地上。然後鏡頭快速變化，我「看見」它到那裡去：它的路徑、軌跡、形狀，甚至它落地的姿態。接著彷彿鏡頭淡出，下一幕為我指出能使之前的想像成為現實的揮桿。只有在這場簡短、祕密的、好萊塢式的壯觀景象結束後，我才會挑支球桿走向小球。

他的描述並不只是個古怪的儀式；確實有資料顯示，將成功視覺化會使它更有可能成真。研究發現，如果你想像投出一球，你成功的可能性會有些許提高。更顯著的是，如果你想像清晨五點起床練球，想像你練球的方式，還有球進籃前在你手中的感覺，你進球的可能性會提高更多。同樣地，我發現當害怕公開演講的人從第三者的角度（比如從一個包廂聽眾的視角），生動逼真地想像自己能幹、自信地演說，焦慮感便會大幅降低，因而在真實演講時表現得更有信心、更出色。

這些就是我們所說的「感知模擬」，而該方法是否具有全面的效力仍待觀察。比如，我現在正與德州大學達拉斯分校的大腦健康中心合作，探討運用虛擬實境想像更正向的未來，如何能對患有創傷後壓力症候群的軍人，或是受困於自閉症或學習障礙的學生產生作用。我們的研究是以賽門・布萊克威爾（Simon Blackwell）和他的團隊所做的研究為基礎，他們發現，當我們為更正向的未來而描繪的心理圖像更清晰時，或許不僅能幫助別人達到更樂觀的狀態，自身的身心也會更加安康。我們相信，運用盡可能逼真的虛擬實境模擬正面的社交互動或環境，大腦確實能學著去構想出充滿希望的未來圖像。

其次，紐約大學研究員塔莉・沙羅特（Tali Sharot）和同事發表在《自然》雜誌上的研究揭示，當我們的想像越細膩，就越能真的開始在神經層次上感受到特定情緒的未來狀態。比如，經由想像我們在得到升遷時會感受到的喜悅，我們當下確實就能「預先體驗」那份喜悅。而接下來，這樣的體驗會為我們帶來使那喜悅發生的動力和方向感。清晰的圖像就像磁鐵一般，牽引我們向更美好的未來前進。

使行為改變的正是視覺化的逼真程度。在二〇〇四年美國總統大選前一天，有研究人員做了一份調查研究，他們鼓勵民眾從第三人的視角，或稱「俯瞰視角」，清晰地想像自己投票的行動；其理論在於，若人們能「看見」自己走進投票亭、填好選票等，就更有可能真的去投票。果然，到了隔天，那些想像自己投票的人確實比對照組更踴躍投票。

聲譽卓著的克里夫蘭醫療中心公布的研究指出，僅僅是想像健康的行為（像是運動）就能產生跟該行為類似的效果。研究中有兩組人士，一組是每週在健身房運動數小時的人，另一組是在腦袋裡清晰地進行「虛擬健身」同樣時數的人。上健身房的人肌肉量增加了百分之三十。但出奇的是，那些只有在意念中健身、但卻一點重量訓練都沒做的人，仍然增加了百分之十三點五的肌肉量。

・與其彩排悲劇，不如預想成功

記得大學的時候，我真心喜歡的那個女孩跟我分手時，身為神經科學家的父親努力地就他所知來安慰我，他說：「兒子啊，你就是有十億個神經細胞指錯了方向。」這是我分手後聽過最奇怪的說法，但現在我明白他的意思了。那時的我變得太會想像我的前女友和她的新男友在一起的景象——他們在一家浪漫的餐廳角落裡彼此依偎，熱情地親暱著，或在塔吉特百貨公司裡，陶醉在他們未來將共同營造的幸福家居生活裡，以至於我的大腦開始相信這個版本的未來是真的（結果並非如此）。

正如正向的視覺化會幫助我們將能量導向正面積極的結果，想像負面消極的未來，則會使我們的動力停留在那樣的思路裡。這也是為什麼演講人暨作家布芮尼・布朗警告她的聽眾別去「彩排悲劇」，她將此描述為「在心理上經歷一場理論上的未來悲劇，並信以為真。」而當我們把所有的時間和心力都放在想像逃脫路線時，我們就經常沒能規劃成功路線。

換句話說，與其在我腦海裡播放這個惡夢般的情節，我大可在入睡前想著週末時全家能一起做什麼好玩的事，或是隔天用什麼新點子教李歐學字母。那會是更有效地利用我的時間，同時也是導引我內在能量變得更健康的方向。

不論正面或負面的思維，當想像越清晰，感受就會越真實。研究也顯示，感受越真實的想像，就越有可能影響我們的行為。唯有當我們明白這一點，才會開始從內心意象滋長恐懼的惡性循環，前進到給予我們力量的世界圖像。

•讓空想變實際

任何一個好的網球選手，或甚至像我這種十足平庸的玩家，都知道贏球的關鍵，首先在於想像球的走勢，揮拍時跟球保持良好的接觸，然後徹底做好隨球動作。然而，太多領導人，包括我在賭城見到的執行長，對於要帶領自己的公司或團隊往哪裡去，都只有模糊的想像。因此他們無法跟員工產生共鳴，也無法對他們有所啟發，然後也無法貫徹自己原來的想法，因為到頭來他們相信自己已經失敗了。若領導人只說「未來是光明的」這類的空話，卻沒有提供任何細節，他們不可能在情感上跟自己的團隊連結。

正如管理大師彼得・聖吉（Peter Senge）早在一九九〇年所寫：「缺乏系統性思考的願景，最終只為未來描繪了美麗的願景，卻對從現在邁向未來所需掌握的各種能力沒有深刻的認識……但系統性思考還需要建立共同願景、心智模式、團隊學習和自我超越等訓練來實現其潛能。」

如果我們希望別人對我們引導的方向感到興奮，必須提升他們的集體願景，想像一個充滿正向積極的世界會有何等樣貌。比如，一位經理人或許會嘗試描述新的客服訓練一旦執行後，員工會從感激的客戶那裡收到熱情洋溢、極力讚揚的電子郵件；一位非營利事業領導人或許會描述一項新募款倡議案的潛在影響，同時給員工看受惠者充滿笑容的相片；或者一位教練可能對球員描述，當他們挺過一連串的失敗而在延長賽獲勝時，露天座位迸出歡聲雷動的情景。我們必須幫助員工想像那樣的未來何以真的可能發生。

在米蘭，我曾在一場演講前的晚上，跟來自賓州大學的正向心理學之父馬丁・塞利格曼（Martin Seligman）和《只想買條牛仔褲：選擇的弔詭》（*The Paradox of Choice*）一書作者貝瑞・史瓦茲（Barry Schwartz）共進晚餐。在閒談中，塞利格曼博士一度停下來，說了這段智慧之語：「行動不受過去的驅動，而是受未來的牽引。」老實說，我當時並不太贊同他的話，但現在我了解他的意思了。我們的確受到未來的清晰圖像如磁鐵般的吸力。

能逼真地想像未來最有效，且經廣泛研究過的一個方法，是把想像的內容寫下來。有意識地雕琢對於某個事件的描述（不論是過去或未來的事件），這個動作會將我們的能量往那個方向引導。在一項研究中，研究人員蘿拉・金（Laura King）發現，當人們描寫最好的自己，也就是他們渴望成為，也自認有可能成為的樣子時，他們的健康和幸福感會顯著提高。當受測者受邀每星期一次描寫自己的想像中未來最好的自己時，一個月後，這個簡單的動作顯著提高了他們的身體健康、快樂程度，以及與人連繫的緊密程度，而這些都是維持潛能最重要的因素。

這些技巧不只能在短期內讓我們受益，對我們清楚想像一個正向未來的結果也有著長遠的影響。在一項關於重度憂鬱症患者的研究中，想像越來越清晰的未來景象，不僅能提高樂觀程度、減輕憂鬱，這些效果還能維持到整整七個月後。

這個發現多麼重要。在衝突不斷的政治選戰過後，我寫著以上這些內容，在選戰裡兩個政黨都宣稱若一旦對方勝出，接下來四年到八年間除了災難，他們無法想像其他的情景。即便他們提出這樣的觀點是可以理解的，但這種願景剝奪了我們的能量，而且只會提高我們恐懼的事發生的可能性。唯有當我們能真正看見自己克服所面臨的種種挑戰，我們才能持久努力去投入開創一個更美好的世界。

策略三：歡慶勝利

今天稍早在寫作的休息空檔，我決定在家附近散個步，讓頭腦清醒一下。我經過一個庭院，裡頭有著海報和氣球等裝飾，還有人在一扇車窗上用鞋油寫著「區賽勝利！」一旁邊放著一顆足球和一些鼓勵的話。看著，我笑了。這個情景讓我回想起高中時參加足球隊的日子，心裡暖暖的。

那時，大家在共同的挑戰中為彼此加油、打氣，共度難關，一起慶祝、共享勝利。畢竟，上一回有人在你門上放上寫著「祝你業務拜訪順利」，或在你開始一份新工作前為你辦熱情的動員會是什麼時候？我的重點是，光是爭取大潛能是不夠的；我們還必須為它慶祝。

如果你人生中缺乏歡慶的時刻，就表示你並沒有真正地在生活。如果你在工作或其他方面獲得成功，但未跟幫助你得到成功的人一起慶祝，那就不是勝利，因為你已經不知不覺地帶著小潛力的心態，相信勝利只屬於一個人。而大潛能的勝利是集體的勝利，所以值得集體慶賀。

回想你人生中最快樂、最難忘的時刻。對大多數人來說，這些時刻有個共通點：

有朋友或親人在場。這些時刻包括婚禮、生日派對、返家派對和喬遷派對；還包括節日聚餐、準媽媽派對和頒獎典禮。為了《哈佛最受歡迎的快樂工作學》和《幸福原動力》的新書發表會，我妹妹艾美烤了蛋糕，蛋糕的形狀是書本打開的樣子，而且還模仿書的封面用橘色跟黑色的糖霜裝飾。（當然，她還用馬斯卡邦起司做了一隻小獨角獸放在上頭，象徵她的地盤。）說實話，我寫這本書很大程度上是為了收到另一個那樣的蛋糕。歡慶是最終的動力，因為那不僅突顯了我們人生中的重要時刻，它們本身同時就是重要的時刻。

・慶祝小確幸

我曾跟加州一所醫院合作，在那裡，每回有癌症病人的病情得到控制，幾個護理師就會辦個茶會慶祝。不久這個消息傳出去後，其他的職員和醫生也要求加入。沒過多久，老病人得知這些「緩解茶會」，他們也希望偶爾能參加。這是有道理的；每個人都想慶祝大勝利，而癌症能得到緩解或控制，對任何人來說都是莫大的勝利。但重點是這個：不論大勝利或小確幸，我們都該慶祝。

我們經常等到某個重大的事件發生，像是新生兒誕生、工作上的大升遷、畢業典禮等，才去慶祝我們生命旅程中的大事。雖然這些事情肯定該慶祝，但我們為什麼要把慶祝局限於相對不常發生的人生里程碑事件中呢？我在《哈佛最受歡迎的快樂工作學》裡曾說，達成目標的兩大促進因素是「感受到進步和感覺到終點線將近」。然而，總會有些時候，或許終點線還感覺非常遙遠，這就使得邁向終點線的每一小步都更形重要。

華頓商學院的亞當・格蘭特所做的一個極有趣的研究顯示，慶賀人們良善的一面，確實可以將他們往為世界做更多善事的方向牽引。特別是，他思考那些使人轉變為施予者的方式。大多數人認為有效的方法，是要人回想三個過去別人曾真心對他們無私給予的經歷。這個方法的發想是，提醒自己曾受他人慷慨施予，會使人想要藉由「把愛傳出去」或是「回報」的方式而付出更多。這個方法效果很小。接著，研究人員決定翻轉一下。他們要求參與者回想過去他們曾經對別人慷慨付出的三種方式。結果是，被要求回想自己對別人慷慨的人，比研究中第一部分的參與者，要付出更多。原因在於，當參與者想起自己過去對別人同情和慷慨的舉動，他們就為自己創造了

讚美的力量

我跟太太蜜雪兒在一個朋友身上親眼目睹了慶賀小確幸的效力。

這位朋友當時為了先生在家幾乎都不幫忙做家事，而開始感到沮喪。他倆工作時間都很長，而當她回到家做晚餐、照顧孩子的時候，他老兄經常就重重地坐在沙發上，然後放空，接著再一頭栽進運動頻道。

一開始她還會試著溫柔地要求他隨便做點事，但要哄他做事經常要比她自己做還來得費力。她越感到沮喪，就越看到自己變成一個喋喋不休的管家婆。

就在那時，蜜雪兒建議我們的朋友對她先生發起一場為期一週的慶祝活動。在那一週裡她不嘮叨，而是主動稱讚他在家裡幫忙做的所有事情。（重點是，當她這樣做的時候，不可語帶嘲諷。）

起初她認為我們瘋了，但她還是試了這個建議。她不提家裡到處堆滿了他的釣竿和籃球衣，而是說：「哇，你今晚跟孩子們玩，真是幫了我一個大忙。」或是，她不嘮叨他從來不幫忙做菜，而是說：「謝謝你訂了比薩，那真是個好主意。」整整一個星期，她不斷強化她先生很會幫忙的這個想法。

你或許會猜想，是否所有這些正面回饋會讓先生覺得自己做得夠多了，而開始發懶。但接著發生的事恰恰相反。那一週的週四，他修了一條已經漏了兩個月的水管；而週六時他清理餐桌。朋友說她已經記不得他做過這樣的事，除非婆婆來訪。他為什麼這麼做呢？因為他要符合太太賦予他新的個人形象。他現在視自己為幫手，而幫手就是要幫忙做事。

一個需要證明的內在形象。在這個情況下，那就是「我是施予者，而施予者就是要付出。」

如果你想看到大潛能付諸行動，何不選一個你人際生態系統裡的人，然後在一個星期裡，試著忘掉他們做錯的事，而慶賀他們做對的事。這還有個附加的好處：你自己也會感覺良好！因為大腦注意到的事情會被強化，所以主動掃描這個人值得慶賀的新事物，經常會轉變他們在你心中既定的形象。現在，別再一直看著那些讓你暴跳如雷的事，你要提醒自己去看別人最好的地方。

・慶祝優點

在你看到別人的優點後，還慶祝它們，不可思議的事情就會發生。

豐田汽車北美零件中心有五十四個工作團隊，隊上共四百名員工，他們在進行了一項為期一年的慶賀優點與成功專案後，生產力提高了百分之六。這對比一般情況下年變化率為百分之負一到百分之一來說，成長是巨大的。另外有兩組團隊進行了更密集的優點模式訓練方案，在六個月後，他們的生產力提高了百分之九。

事實上，有一個以六十五家機構為樣本的整合分析發現，那些慶祝優點和成功的公司不僅員工的積極性提高，而且平均年生產力提高的估計值為每名員工一千多美元。這表示員工規模為一千人的機構，年獲利會超出一百萬美金，而對參與該項研究的所有公司來說，平均每個公司各獲利將超出五百四十萬美金。

在佛羅里達州的聖露西醫療中心進行的一項研究揭示，這些方法還能為公司省下昂貴的人員變動成本；在該醫療中心的七百名員工進行了為期兩年的優點模式介入訓練後，人員流動率下降百分之五十，而醫院的病患滿意度排名則提高了百分之一百六十。

很可惜的是，多年來，大多數公司的員工發展都專注在人員的缺點上。基於我們在第五章中所談到的，公司主管經常會點出員工最需要改善的地方，而員工則會在這些方面接受訓練。然而，這些策略大多在強化問題，而不是解決它們。怎麼說呢？這些主管給員工看的是他們該「被修理」的形象，因而不知不覺間將他們的能量往完全錯誤的方向拉。例如，被送去接受「簡報技巧」訓練課程的員工，會開始認為自己在做簡報方面很差勁，無意間開始表現出那樣的自我形象。然而，渴望根據自我形象而採取行動或避免心理學家所稱的「認知失調」那股力量，會比在一天的訓練課程裡學到的任何一項技巧都來得強大。

所以現在很多公司投注更多資源在激勵員工，而不是「修理」他們，也就不足為奇了。當我為歐普拉電視網編寫快樂的電子課程時，我邀請了麥肯錫公司訓練與發展部門經理來我家裡進行訪談。艾希莉・威廉斯（Ashley Williams），是我在企業培訓領域所見過最具創新頭腦和效力的領導人，但她非常謙虛，而且總是將她的成功直接歸功於她的團隊（她是真正的稜鏡）。

在我們的訪談裡她告訴我，以最具競爭力的領頭企業而聞名的麥肯錫公司，如何發現他們惡名昭彰的「猛攻再造」式績效評估，不斷在降低績效、提高壓力，並趕走優秀的人才。

麥肯錫以身為數據導向的公司而自豪，所以他們著手親身試驗哪一類的績效對談比較有效。他們發現，將更多精力和注意力轉移到員工優點而非缺點上，無論是從客戶滿意度、人才留用，以及合夥人積極性評分的角度上看，都明顯更有效力。但唯一的問題是，這個老式的經營風格已深植公司文化中，特別是在那些藉由「猛攻再造」

心態步步高升的合夥人之中。因此，該公司製作了幾支錄影帶，由他們最成功的合夥人示範如何將績效對談聚焦在員工的優點上。我喜歡這個做法，原因有二：首先，這樣做表示我們真的可以改變組織中的保守心態。其次，這些錄影帶示範了何以提供人們改變的清晰形象，能幫助他們看到慶祝勝利的方式。

你不必身為主管或在人事部門工作，也能在工作場合找到慶祝成功的方式。任何人都能組織每月一次的比薩午餐會，來慶祝團隊的集體成就；任何人都能在一個特別繁忙的週末安排一個歡樂的郊遊，來慰勞大家辛勤地工作，或只因為大家都需要這樣的一個歡樂時光。這個策略很棒的地方在於，你輕而易舉就能找到慶祝的理由和方式。

・慶賀意義

喬治・克魯尼在科莫湖有個家，他曾說：「我覺得義大利人比我們更懂得生活。這是個歷史較久的國家，人們學會慶祝晚餐和午餐。然而，我們則好像是要盡快把飯吃完，趕緊結束用餐。」他說得有道理。我們受困於工作和生活的旋風中，經常忘記停下來慶祝美味的食物為我們帶來單純的愉悅。但我要補充的是，我們不僅要慶祝提供我們身體滋養的食物，還要慶祝供給並滋養我們心靈和精神的意義。

麻州大學紀念醫療中心的安・薇佛（Anne Weaver）在波士頓聽過一場我為五千名重症照護護理師所做的演講後，她回想自己在重症照護領域工作經歷的種種考驗和磨練，為其意義找到了一個慶祝的方式：她和其他三位護理師自願成為「快樂委員會」的成員。這個委員會最棒的一項創舉，就是發明他們稱為「慶祝你，慶祝我」的遊戲。

遊戲規則很簡單：每一位在重症照護病室工作的員工，寫下在照護區裡關於某人一件有意義的事，同時也寫下關於他們自己一件有意義的事。比如，安可能會寫：「莎朗在繁忙的日程中抽出幾分鐘，在我真的需要她幫忙時教我做些事。而我則發揮幽默感來幫助一位受驚的家長平靜下來，並安撫她的情緒。」接下來的一個月裡，被提名最多次的人就可贏得一百美元（這筆錢會捐給當地的一家食物銀行）。

這個練習不僅將團隊團結起來，它還有另一個重要的好處。在參與這項練習所需的三十秒內，大家被迫去想有什麼關於同事的事值得慶賀，也去想有什麼關於自己的事值得慶賀。慶賀自己的成功與慶賀別人的成功同樣重要，但若我們不去慶賀自己的成功，我們就無法獲得大潛能。

本書從頭到尾都在談成功和潛能如何彼此相連，還有，幫助身邊的人更有成就，如何能提高我們個人成就的上限。但要注意一點：有人說，碰到墜機事件時要先戴上自己的氧氣罩，然後才去幫助別人，這樣說是有原因的。那是因為如果我們自己沒能吸入氧氣，正常呼吸，那我們就無法發揮作用去幫助任何人。就大潛能而言也是一樣，如果我們自己的動力受到阻礙，我們也不會有機會幫助別人，加速他們的動力。

慶祝是大潛能的氧氣。而我們若想維持所獲得的進展，必須不斷吸入這個氧氣。我們必須牢記，不論我們坐在什麼樣的位置，都有力量創造值得慶祝的改變。我們越去慶祝，就越能用意義來豐富自己的人生；而我們的人生越有意義，值得慶祝的人事物就越多，也因此，我們就創造並維持了又一個良性循環。

結語

想改變世界，要先改變自己

隱藏的和諧更勝於顯露的和諧。

——埃菲斯的赫拉克利特，

西元前五百年（Heraclitus of Ephesus, 500 B.C.）

肯亞的馬賽戰士是歷史上最驍勇善戰的鬥士，當他們彼此問候時，不像我們西方文化裡大家會說「你好嗎？」而是說「孩子都好嗎？」即使對那些沒有孩子的人而言也是如此。正確且得體的答案是：「孩子們都好。」那是因為根據他們的習俗，個人不會事事圓滿，除非社區全體每個人都成長茁壯。本書中的科學證明他們的想法是對的。我們不能只在意什麼事對自己好；我們必須關心身邊的人是否都茁壯成長。

我的專業生涯始於就讀哈佛神學院時修習基督教道德論和佛教倫理；我對於信仰體系如何影響我們的行動非常著迷。我研讀各種宗教傳統後發現，儘管彼此各有差異，但很明確的是，這些傳統都苦思著類似的問題：為什麼自私會對愛造成阻礙？在失落和悲劇過後，我們如何找到喜悅？生命的意義是什麼？這些三千年前的神學家、哲學家和學者企求解決的問題，攸關存在的問題，跟我們今日仍企圖回答的問題一模一樣。就某種意義而言，那似乎令人沮喪。難道我們在為這些難題尋求答案的過程中，竟然近乎毫無進展？

在現代世界裡，我知道類似的沮喪正在公司、學校和個人層面發酵。我見過那麼多高階主管，他們感到沮喪，因為他們辛苦多年去提高員工的積極性，卻又眼睜睜看著它隨後急速下降。我跟那麼多人談過話，他們感到沮喪，因為他們把自己搞得筋疲力竭，就為了將個人每英里的跑速維持在七分鐘以下，但卻在幾個月後無奈地發現，他們又回到每英里九分鐘的跑速。[1]那麼多醫院和非營利組織的領導人感到沮喪，因為他們覺得，每年都得在同樣的會議上重複同樣的對話，去討論員工過勞和同情疲勞的問題。那麼多家長感到沮喪，因為他們為了給孩子一個充滿愛的童年掏心掏肺，但對孩子成長到青春期突然爆發的焦躁不安只有困惑。

難道沒有好的方法來創造真實且持久的改變？難道我們注定永遠只能原地踏步？不是這樣的。我們會感到沮喪有兩方面的原因，一是渴望更美好的人事物，二是誤解改變的本質。

若過去十年的研究教了我什麼，那就是改變並非一蹴可幾。你不可能沖一次澡，就期望接下來一整年都能保持乾淨；你不可能今天運動，就期望永遠不必再運動。事實上，我們今天之所以運動，就是為了確保我們的身體明天還能活動。我們必須時時保持警覺，時時修復隨時間推移而產生的損傷。

每一個個人、每一個文化、每一個公司、每一個部落所需要的，不是一次性的解決方案，而是對正面積極永續不斷的捍衛和支持。壓力和挑戰在人生中無處不在，因此正面的心態、連結和希望也必須同樣無處不在。

1　譯注：意即心急快衝但卻後繼無力。

那也是何以改變不能獨力求索，就如同成功、潛能和快樂也不可能僅靠一己之力就達成。真實的改變，無論或大或小，都需要「知音」擁護者的支持；它需要韌性，也需要領導力，不論我們坐在什麼位置；它還需要集體動力。如果缺乏潛能的生態系統，以上沒有一樣會成真。

是啊，從本質上來說，你自己就是你的宇宙裡最重要的人。你的世界是以你為中心而轉動。也就是說，如果改變會成真，那它必須從你開始。但卻不僅止於你，至少不是你獨自一人。你必須與他人產生連結。

只有到那個時候，我們才能保證所有的孩子都好，而且不只今天好，明天也一樣好。

如果你過去的人生都在追求小潛力，你就如同電影《駭客任務》裡的莫菲斯所說，一直活在「一個矇騙你的世界」。但現在你的眼睛已經睜開，看見了大潛能的力量，我希望你能用它來為你個人迫切的問題找到答案，為你的人生和這個世界創造持久的正向改變。

在如此寶貴、崇高、終其一生的追求中，願他人之力與你同在。

DHH0303

共好與同贏：哈佛快樂專家教你把個人潛力變成集體能力，擴散成功與快樂的傳染力

作　者—尚恩・艾科爾
譯　者—歐陽端端
副 主 編—郭香君
責任企劃—張瑋之
封面設計—江孟達工作室
董 事 長—趙政岷
出 版 者—時報文化出版企業股份有限公司
108019台北市和平西路三段二四〇號四樓
發行專線—（〇二）二三〇六—六八四二
讀者服務專線—〇八〇〇—二三一—七〇五
（〇二）二三〇四—七一〇三
讀者服務傳真—（〇二）二三〇四—六八五八
郵撥—一九三四四七二四時報文化出版公司
信箱—10899臺北華江橋郵局第九九信箱
時報悅讀網—http://www.readingtimes.com.tw
綠活線臉書—https://www.facebook.com/readingtimesgreenlife
法律顧問—理律法律事務所　陳長文律師、李念祖律師
印　刷—盈昌印刷有限公司
初版一刷—二〇一九年一月三十一日
初版二刷—二〇二〇年九月二十一日
定　價—新台幣三三〇元

時報文化出版公司成立於一九七五年，
並於一九九九年股票上櫃公開發行，於二〇〇八年脫離中時集團非屬旺中，
以「尊重智慧與創意的文化事業」為信念。

共好與同贏：哈佛快樂專家教你把個人潛力變成集體能力，擴散成功與快樂的傳染力 / 尚恩・艾科爾（Shawn Achor）著；歐陽端端譯. -- 初版. -- 臺北市：時報文化, 2019.01
面；　公分
譯 自：Big potential : how transforming the pursuit of success raises our achievement, happiness, and well-being
ISBN 978-957-13-7670-7（平裝）

1.成功法　2.潛能開發

177.2　　107022939

BIG POTENTIAL : How Transforming the Pursuit of Success Raises Our Achievement, Happiness, and Well-being by Shawn Achor

This translation published by arrangement with Currency, an imprint of the Crown Publishing Group, a division of Penguin Random House LLC.
through Andrew Nurnberg Associates International Limited

ISBN 978-957-13-7670-7
Printed in Taiwan